DESAFÍOS PENDIENTES
PARA LOS SISTEMAS INTELIGENTES

DESAFÍOS PENDIENTES
PARA LOS SISTEMAS INTELIGENTES

Francisco José Serón Arbeloa

PRENSAS DE LA UNIVERSIDAD DE ZARAGOZA

STVDIVM
GENERALE   COLECCIÓN PARANINFO
CAESARAV-
GVSTANAE
CIVITATIS   PRIMA LECTIO

Prensas de la Universidad de Zaragoza
   Edificio de Ciencias Geológicas
   c/ Pedro Cerbuna, 12 • 50009 Zaragoza, España
   Tel.: 976 761 330
   puz@unizar.es   http://puz.unizar.es

Impreso en España
Imprime: Servicio de Publicaciones. Universidad de Zaragoza
ISBN: 978-84-1340-873-6
Depósito legal: Z 1326-2024

Lo que un humano no entiende,
mal lo puede explicar a otro humano
y menos a una máquina.

Frase de cualquier profesor con talento y de paso de los que construimos algoritmos

Imagen creada mediante inteligencia artificial,
utilizando Microsoft Bing, Copilot Designer, con tecnología de Dall-E 3

RESUMEN

El optimismo y el entusiasmo son cualidades esenciales que buscamos en el orador principal de cualquier conferencia relacionada con la revolución de los sistemas inteligentes.

Ahora todo el mundo habla de la inteligencia artificial y de la robótica, la gente siente curiosidad por saber cómo impactarán y seguirán impactando nuestras vidas y nuestro trabajo.

Personalmente estoy totalmente a favor de la innovación, cualquier tipo de tecnología transversal debemos entenderla, saber cuáles son sus límites y debemos proceder con cautela. En caso contrario repetiremos el mismo tipo de errores que se cometieron en la época de la Revolución Industrial o en la época de las redes sociales, cuyos desarrollos se realizaron sin restricciones.

Actualmente se espera que la inteligencia artificial y la robótica tengan mucho más impacto que las tecnologías innovadoras anteriores como, por ejemplo: la mecanización de la agricultura, las máquinas de vapor, la electricidad, la medicina moderna, las computadoras, Internet y los móviles. Pero debemos ser conscientes de que el potencial transformador de los sistemas inteligentes está limitado por sus problemas más difíciles que todavía están por resolver.

El objetivo final de este texto que tiene ante sí el lector, tan solo pretende analizar la siguiente frase «los seres humanos pretendemos crear sistemas artificiales con inteligencia parecida a la humana». En el capítulo final del texto, denominado «Inconclusión», daré mi opinión. Pero antes leamos sobre los desafíos que, en el momento actual, todavía tiene ante sí la construcción de los sistemas artificiales inteligentes.

Los sistemas basados en la inteligencia artificial y la robótica han experimentado un avance sin precedentes impulsados por la disponibilidad de grandes conjuntos de datos, sensores, algoritmos sofisticados y mayor potencia de computación. Sin embargo, a pesar de estos avances, hoy en día estos sistemas aún no han logrado alcanzar muchas de las características de la inteligencia natural, como la que posee un ser humano.

Algunos de los principales problemas sin resolver que enfrenta el desarrollo de estos sistemas son:

La falta de sentido común

Los sistemas actuales pueden ser expertos en tareas específicas, pero carecen de la capacidad de comprender el mundo de la misma manera que lo hacemos los humanos. No tienen la capacidad de razonar utilizando el sentido común, comprender las normas sociales o interpretar las intenciones de los demás.

La ausencia de modelos del mundo

Los humanos poseemos modelos internos del mundo que nos permiten comprender cómo funciona, cómo interactúan los objetos y cómo se comportan las personas. Pero los sistemas actuales carecen de una comprensión adecuada del mundo que les rodea que les permita tomar decisiones informadas y actuar de manera coherente con cada contexto con el que se encuentran.

La interpretabilidad

A medida que los sistemas inteligentes se integran en nuestras vidas, surge una pregunta crucial: ¿Cómo podemos comprender los mecanismos internos de estos sistemas complejos y garantizar su uso responsable? ¿Cómo podemos desentrañar la caja negra de los algoritmos que tienen la capacidad de aprender para hacer que los sistemas inteligentes sean cada vez más transparentes e interpretables cuando toman decisiones?

El problema de la alineación

Por el momento los sistemas inteligentes son celebrados, en particular por el márquetin de las grandes compañías, como si fueran por completo inofensivos. Pero nos enfrentamos al problema no resuelto de que estos sistemas deberían estar alineados con los valores y objetivos humanos para que puedan ser utilizados de manera segura y responsable. Sin embargo, es difícil garantizar que los sistemas inteligentes aprendan y tomen decisiones de manera consistente con nuestros valores.

Para alcanzar el objetivo planteado, se van a describir el conjunto de problemas que se acaban de citar, con la pretensión de avanzar en la adquisición de una comprensión más profunda de los desafíos que enfrentan la inteligencia artificial y la robótica, e intentar mostrar con ello, que en la actualidad los sistemas inteligentes, no tienen un conocimiento adecuado del mundo que los rodea y carecen del contexto real. La idea no es menospreciar a estas interesantes herramientas, ciertamente son útiles y podemos construir muchas aplicaciones a su alrededor, pero estos cuatro desafíos y otros que, por extensión no se detallan, son muy complejos y requieren de un esfuerzo multidisciplinar y holístico por parte de investigadores, científicos, tecnólogos y filósofos para encontrar soluciones responsables, seguras y beneficiosas, que nos acerquen un poco más hacia la construcción de sistemas que en su comportamiento se aproximen a la inteligencia humana. Es decir, naveguemos y veamos los desafíos que todavía nos depara el horizonte en este viaje que el ser humano empezó hace mucho, mucho tiempo.

SOBRE LA INTELIGENCIA

Imagen creada mediante inteligencia artificial,
utilizando ideogram.ai

Definir con precisión la inteligencia es en sí mismo un desafío. La narrativa habitual la equipara con la capacidad general de resolución de problemas que muestran los agentes inteligentes individuales, ya sean naturales o artificiales.

Si nos fijamos, toda inteligencia individual siempre mostrará una capacidad cognitiva latente en sí misma, pero más allá de la genética, el encéfalo, el cuerpo y los sentidos de un ser humano, esa inteligencia individual estará definida y limitada por el contexto de su existencia, sus experiencias, sus circunstancias, el entorno en el que vive y la cultura que lo rodea. Por lo tanto, no se puede disociar la inteligencia del contexto en el que se expresa. La inteligencia es situacional: no existe la inteligencia general asociada exclusivamente a un trozo de tejido biológico complejo denominado *encéfalo* de un ser humano determinado. Por ello, la expansión de la inteligencia solo puede provenir de una coevolución de la mente, sus modalidades sensoriomotoras y su entorno. Por ejemplo, hace 10 000 años, un ser humano con un alto potencial se habría criado en un entorno de baja complejidad, probablemente hablando un solo idioma con menos de 5 000 palabras, nunca habría aprendido a leer ni a escribir, habría estado expuesto a una cantidad limitada de conocimientos y a pocos desafíos cognitivos.

Debemos considerar, por lo tanto, que la mayor parte de nuestra inteligencia no está en nuestro cerebro, en gran medida está externalizada, y se manifiesta a través de lo que llamamos *nuestra civilización*, que no es más que una acumulación colectiva de conocimientos y sistemas externos que el ser humano ha generado a lo largo de miles de años para amplificar sus capacidades mecánicas y últimamente sus capacidades intelectuales. Obsérvese que con ciertos dispositivos que nos rodean, nuestro cerebro amplía nuestras capacidades de comprensión del mundo y de la resolución de problemas. Ejemplos indiscutibles son el teléfono inteligente, el portátil, Internet, el conocimiento que nos regalaron en la escuela, los libros, y por último las diferentes herramientas de inteligencia artificial desarrolladas hasta el momento...

Además, desde el comienzo de nuestra andadura en la Tierra, ese sistema cognitivo mucho más grande que nosotros mismos en el que estamos integrados, se ha ido y se va perfeccionando a sí mismo paulatinamente. Todos nosotros somos sistemas que se automejoran recursivamente, educarse nos hace más inteligente, lo que nos permite educarnos de manera más eficiente, lo que a su vez conduce a que la civilización humana se automejore recursivamente en una escala de tiempo mucho más larga. Pero eso no ha hecho que la inteligencia de la civilización haya producido una explosión exponencial de la inteligencia. Basta observar que, durante los procesos de evolución histórica, siempre surgen los cuellos de botella contingentes, los rendimientos decrecientes y las contra reacciones, lo que impide que no se pueda lograr un progreso exponencial en la práctica.

Por ejemplo, la ciencia es posiblemente el sistema más cercano a una inteligencia externa super humana y desbocada que se mejora recursivamente. El progreso científico da como resultado el desarrollo de herramientas cognitivas que la potencian. Sin embargo, su avance es mensurablemente lineal. Y esto es a pesar de que invertimos esfuerzos exponenciales en ciencia: la cantidad de investigadores se duplica aproximadamente una vez cada 15 a 20 años, y estos investigadores utilizan computadoras y herramientas de todo tipo, que son exponencialmente más rápidas y precisas para mejorar su productividad.

Ahora bien, todos los científicos saben que hacer ciencia en un campo determinado se vuelve cada vez más difí-

15

cil con el paso del tiempo. Colaborar entre investigadores se vuelve más complejo a medida que los grupos se hacen más grandes. Cada vez es más difícil mantenerse al día con la avalancha de nuevas publicaciones y a medida que se expande el conocimiento científico, aumenta el tiempo y el esfuerzo que deben invertirse en educación y capacitación, mientras que por contra el campo de investigación de los investigadores individuales se hace cada vez más estrecho.

Volviendo a la argumentación inicial, en la práctica, los cuellos de botella del sistema, los rendimientos decrecientes y las reacciones adversas terminan aplastando la autosuperación recursiva en todos los procesos de esa índole que nos rodean. La autosuperación, de hecho, conduce al progreso, pero, empíricamente, ese progreso tiende a ser lineal o, en el mejor de los casos, sigmoideo. En particular, para el caso de los sistemas inteligentes, esos cuellos de botella ya se han manifestado y consisten en los ingentes recursos necesarios, del tipo: económicos, de electricidad, de agua, de un aumento del impacto del CO_2, que por el momento se prevé que van a hacer inviable cualquier tipo de crecimiento cercano, aunque fuere lineal.

Resumiendo, a nivel de nuestra civilización, la expansión de la inteligencia humana y de las herramientas de apoyo que ha diseñado, como por ejemplo los sistemas inteligentes, lleva ocurriendo desde hace mucho tiempo, y es evidente, que mientras que nuestra actividad civilizatoria perdure en el tiempo, esa expansión seguirá ocurriendo, y ha progresado, progresa y seguirá progresando a un ritmo aproximadamente lineal, lo que invalida los supuestos crecimientos exponenciales preconizados en la actualidad.

Para una discusión más detallada y completa de esta argumentación véase [www-73].

¿POR QUÉ ESTAMOS HOY AQUÍ HABLANDO DE INTELIGENCIA ARTIFICIAL Y DE ROBÓTICA?

Imagen creada mediante inteligencia artificial,
utilizando Microsoft Bing, Copilot Designer, con tecnología de Dall-E 3

La evolución de la especie humana está ligada al progreso de los artefactos. Los *sapiens* desde su comienzo ha tenido la capacidad de imaginarlos, diseñarlos, construirlos y utilizarlos. La aparición de la tecnología, ha sido probable por el desarrollo de la facultad racional. Es muy posible que sin ciencia y sin tecnología, el ser humano no habría sobrevivido y hoy seríamos un fósil más.

La historia de la tecnología muestra que gracias a las herramientas y a las máquinas se ha conseguido acelerar el trabajo y liberar a las personas de las tareas arduas, permitiendo a los seres humanos superar tremendamente los límites de sus cuerpos. Pensemos en la diferencia que hay en el levantamiento de pesos utilizando los músculos o una grúa de puerto. Pero en un momento de la historia aparecieron los autómatas por antonomasia, los artefactos informáticos que se transforman en mediadores que amplifican el intelecto más que el músculo de quienes los utilizan.

¿Es de extrañar que el *sapiens* también haya intentado concebir máquinas con algún tipo de talento? La respuesta es que no. Basta con repasar la historia de la literatura y del cine de fantasía y de ciencia ficción. Y siguiendo esa línea argumental, hoy en día hablamos con bastante naturalidad de los algoritmos basados en la inteligencia artificial. Dicha área del conocimiento humano surge definitivamente a partir de algunos trabajos publicados en la década de 1940 que no tuvieron gran repercusión, pero a partir del influyente trabajo en 1950 de Alan Turing [www-60], matemático británico, se abrió una nueva disciplina de las ciencias de la información que de la mano de los primeros computadores con arquitectura Von Neumann [www-61] hicieron surgir en 1956 el término *inteligencia artificial* en Dartmouth [www-62] durante una conferencia convocada por John McCarthy [www-63], a la

18

cual asistieron, entre otros, Minsky [www-64], Newell [www-65] y Simon [www-66].

Desde entonces han ido surgiendo diferentes aproximaciones que han intentado modelar la inteligencia humana. En este contexto entenderemos que un modelo es una representación de la realidad sobre la que podemos hacer inferencias. Lo relevante aquí es que un modelo debe permitirnos hacer predicciones sobre datos no observados a partir de unos ciertos datos conocidos. Un modelo puede ser muy simple de partida y si es necesario hacerlo evolucionar transformándolo poco a poco en uno muy complejo. Para resolver problemas y tomar decisiones, normalmente se trabaja con más de un modelo.

Las diferentes técnicas de modelado que han ido surgiendo con el paso del tiempo en el mundo de la inteligencia artificial, se han basado en aquellas que se fijan en los procesos de pensamiento desarrollados por el ser humano a lo largo de su historia (simbólicas, bayesianas o analogistas), las que se adhieren a cómo ha funcionado el proceso evolutivo de la vida en la Tierra del que ha surgido la inteligencia (genéticas), las que precisan en cómo funciona la estructura de un cerebro (conexionistas) y por último las que especifican como interactuamos con el mundo (refuerzo).

Si bien hasta la fecha hemos tenido mucho éxito en la construcción de sistemas de este tipo que son limitados, especializados, sorprendentes y muy útiles, por el momento hemos fracasado casi por completo en la creación de sistemas con inteligencia parecida a la humana.

La inteligencia artificial y la robótica son dos campos que están estrechamente relacionados, se complementan y a menudo se integran, pero de partida tienen diferentes objetivos.

- La inteligencia artificial se centra en dotar a las máquinas de capacidades intelectuales similares a las humanas, como aprender, razonar y tomar decisiones.
- La robótica, por otro lado, se ocupa del diseño, construcción y operación de robots físicos que realizan tareas automatizadas avanzadas.

A pesar de que hay diferentes modelos para aproximarse a los sistemas inteligentes, hoy en día, la mayor parte de lo que describimos como inteligencia artificial se refiere a aplicaciones de aprendizaje automático. Este es un paradigma de programación informática en el que, en lugar de aplicar la lógica deductiva para producir resultados que se sabe que son correctos, como por ejemplo un programa de contabilidad, los programas de aprendizaje automático están diseñados para producir predicciones probabilísticas útiles, que se sabe que en ocasiones pueden producir resultados incorrectos.

Con todo esto en mente, es claro que en estos momentos en la Tierra hay dos tipos de inteligencia que son diferentes, aunque ambas nos permiten resolver problemas. La humana es más general y consciente. La artificial es más específica e inconsciente, aunque tenemos tendencia a antropomorfizarla de forma poco razonable, reconociendo en ella rasgos o patrones familiares del comportamiento inteligente humano, cuando no los hay. ¡Nos encanta antropomorfizar! Ese comportamiento antropomorfizador es totalmente normal y forma parte del ser humano en general y su origen se remonta a la época en la que los reflejos eran vitales para la supervivencia. La analogía más directa que se me ocurre para explicar ese fenómeno psicológico es el de la pareidolia, donde un estímulo vago y aleatorio (habitualmente una imagen) se percibe como una forma reconocible, debido a un sesgo perceptivo, es lo que explica por qué vemos caras de personas en superficies u objetos cotidianos.

El actual aluvión millonario de inversiones en el aprendizaje automático y los resultados obtenidos hasta ahora, calienta el afán inversionista y las grandes demostraciones producidas por:

OpenAI (EE. UU.)	[www-34]	(Sam Altman *et al.*)
Anthropic (EE. UU.)	[www-24]	(Darío y Daniela Amodei)
Cohere (Canadá)	[www-35]	(Aidan Gómez *et al.*)
Mistral (UE)	[www-36]	(Francisco Blanes)
Alphabet (EE. UU.)	[www-37]	(Sundar Pichai)
Deepmind (UE)	[www-38]	(Demis Hassabis)
Meta (EE. UU.)	[www-44]	(Mark Zuckerberg)

...

Arropadas por los gigantes de las tecnologías de la información y de la comunicación: Nvidia [www-39] (CEO Jen-Hsun Huang), Google [www-40] (CEO Sundar Pichai), Amazon [www-41] (CEO Andy Jassy, EX_CEO Jeff Bezos), Microsoft [www-42] (CEO Satya Nadelia, Ex_CEO Bill Gates), IBM [www-43] (CEO Arvind Krishna), Meta [www-44] (CEO Mark Zuckerberg), Apple [www-45] (CEO Tim Cook), Alibaba [www-46] (CEO Eddie Wu), ...

Sus grandes resultados de partida han sido: los Modelos Grandes de Lenguaje (LLM) como GPT-3 y GPT-4 (2020-2023-OpenAI), Bert, PaLM y Gemini (2018-2022-Google), Copilot (2023-Microsoft), Claude (2021-Anthropic) o Llama 2 y Llama 3 (2023-2024-Meta) que han generado una gran emoción al revolucionar la forma en que interactuamos con la información. Al entrenarse con grandes cantidades de datos de texto, estos modelos se han vuelto expertos en generar escritos similares al humano, facilitando avances en áreas que van desde la generación de contenido hasta el servicio al cliente [B-02].

Lo que a las gigantes tecnológicas les gustaría es que veamos a los sistemas inteligentes como algo terriblemente sofisticado, complejísimo y que hay que acabar pidiéndoselos a ellas en forma de productos a los que nos suscribamos. Siempre que pueden le dan una trascendencia a sus herramientas que se apoya en el más puro márquetin. Pero la realidad es que la inteligencia artificial en comparación con la inteligencia humana ha alcanzado niveles muchísimo más bajos de lo que nos cuentan, y que la competitividad de las compañías normales no estará en ser capaz de utilizar lo mejor posible los modelos que proporcionan, sino en la creación y el desarrollo de algoritmos propios, entrenados con los datos propios buscando resolver problemas concretos.

En estos momentos, si usted piensa que no puede mantenerse al día con las novedades relacionadas con la inteligencia artificial, no está solo, sentirse confuso es lo habitual. Lo que se está produciendo ya tiene nombre, se denomina «IA-washing», es decir, comportamiento exagerado de la inteligencia artificial a nivel de *marketing*. Posiblemente durante la segunda mitad de 2024 y principios de 2025, se supone que empezará a asentarse el conjunto de los grandes proveedores y empezará a ralentizarse el proceso.

Es evidente que el éxito arrollador de los modelos que han surgido a partir de finales del 2022, invoca una sensación de que «algo está cambiando» en el mundo tal y como lo conocemos y se espera que ese algo tenga un impacto duradero en los productos, las industrias y las economías. El potencial parece claro, pero es necesario templar la emoción con cuidado. Todavía hay que convertir los modelos en productos confiables y para eso todavía hay que dejar pasar tiempo. Hay que hacer una distinción entre demostraciones impresionantes cuidadosamente seleccionadas y casos de uso confiables que estén listos para el mercado.

Como he avanzado, lo primero que se nos presentó y nos fascinó fueron los Modelos Grandes de Lenguaje (LLM en inglés). Ahora preguntémonos qué es un LLM. La respuesta sencilla, un LLM es un *software*, basado en redes neuronales que, si se entrenan, tienen la capacidad de adquirir los patrones de comportamiento existentes en los textos con los que ha sido entrenado. Dichos patrones surgen de la estructura de los textos que se refleja en la ocurrencia de las diferentes palabras y secuencias en un contexto determinado. Con esos patrones aprendidos, pueden emprender la tarea de predecir la siguiente palabra *(token)* en un documento que se está escribiendo. Cuando se entrena un LLM se utiliza un conjunto de datos masivo de texto, evidentemente, este conjunto lleva implícita la estadística entre palabras, frases y contexto, esa que sin calcularla explícitamente va transformando y adaptando a la red neuronal durante el entrenamiento. En [www-10] puede encontrase el coste de entrenar un modelo LLM autorregresivo. Una vez entrenada la red, se puede utilizar esa red neuronal para crear secuencias aleatorias de palabras que tengan propiedades estadísticas similares a las de los datos de entrenamiento. No solo producen oraciones gramaticalmente correctas, sino que también generan contenido coherente y, a menudo, factualmente preciso. Sin embargo, aún carecen de una verdadera autocomprensión, lo que puede conducir a la desinformación o a la mala comunicación. Lo curioso está en que la red no ha comprendido necesariamente el proceso que genera su funcionamiento. Sin embargo, parece evidente que su dependencia del texto como único aporte limita su comprensión del mundo a una perspectiva textual finita. Por ejemplo, el argumento de la habitación china, propuesto por el filósofo John Searle [B-35], cuestiona la idea de que un sistema puede tener una comprensión genuina únicamente a través de la manipulación de símbolos.

En un LLM, la cantidad de cálculo por palabra *(token)* depende de:

- Tamaño del modelo: Los modelos más grandes requieren más cálculos por palabra *(token)* debido a su mayor cantidad de parámetros y complejidad.

- Arquitectura del modelo: Diferentes arquitecturas (como Transformer, LSTM, etc.) tienen diferentes requisitos de cálculo por palabra *(token)*. Por ejemplo, los modelos basados en la arquitectura Transformer realizan múltiples operaciones de atención y transformación en cada paso, lo que puede ser computacionalmente costoso.

- Longitud de contexto: El cálculo necesario para procesar una palabra *(token)* depende del contexto circundante. Cuanto más largo sea el contexto, más cálculos se requieren para calcular las representaciones de las palabras *(tokens)*.

Recordemos que existe una distinción entre pensamiento y producción de lenguaje. Si bien ambos están interrelacionados, representan procesos cognitivos separados. El pensamiento implica comprensión y razonamiento, mientras que el lenguaje es el medio a través del cual expresamos estos pensamientos. La producción del lenguaje, aunque es un reflejo del pensamiento, no equivale al pensamiento en sí.

La siguiente etapa que han seguido las empresas en el desarrollo de modelos basados en algoritmos de aprendizaje de máquina, ha visto la integración de entradas multimodales, es decir, datos de audio y visuales, durante la fase de entrenamiento. Esta integración ha permitido a los algoritmos, no solo leer/escribir texto sino también ver/generar imágenes y sonidos, proporcionando una comprensión más rica y matizada de la información interesante para los seres humanos. Herramientas como Stable Difusion [www-74], DALL-E [www-75], Midjourney [www-76], CLIP [www-77] y SORA [www-78] han demostrado cómo se puede generar e interpretar contenido visual complejo, cerrando la brecha entre la comprensión textual y la visual. Todos estos tipos de modelos de inteligencia artificial se denominan «generativos», pues da lugar a algún tipo de generación sorprendente, ya sea un texto, una imagen o un sonido.

¿A qué se debe entonces el revuelo actual en torno a estas máquinas generadoras? Es probable que la popularidad que han cosechado este tipo de modelos resida en que han abandonado el ámbito de los expertos y por su facilidad de uso están en la mayoría de los casos en manos de la gente. De esta forma, todo el mundo ha podido probar y sorprenderse en primera persona cómo funcionan y las posibilidades que ofrecen.

De cualquier modo, entrenar modelos avanzados como los citados requiere enormes cantidades de dinero, potencia de cálculo, de agua y de electricidad. Seamos conscientes de que escalar un orden de magnitud requeriría un gasto de miles de millones de dólares más, lo que no es práctico y puede que ni siquiera sea factible. A lo que habría que añadir que puede que nos estemos quedando sin datos de alta calidad para entrenar modelos tan grandes.

De forma análoga a lo que se ha manifestado sobre la inteligencia artificial generativa, se puede mostrar sobre los espectaculares desarrollos de robots:

- Atlas: Desarrollado por Boston Dynamics, es un robot capaz de levantar, transportar, lanzar cosas e incluso hacer *parkour* [www-47].
- Robot Spot: También de Boston Dynamics, este «perro robot» es capaz de navegar por terrenos difíciles y se utiliza en tareas de vigilancia y transporte [www-48].
- ANYmal X: Este robot se utiliza para comprobar la seguridad en entornos complejos. Es a prueba de explosiones. Su versatilidad lo hace ideal para inspecciones y vigilancia [www-49].
- Pepper: Está diseñado para interactuar con las personas. Proporciona información sobre productos o servicios y personaliza sus respuestas según las conversaciones. Además, tiene una pantalla en el pecho para una mejor comunicación [www-50].
- Samsung Bot Handy: Este robot reconoce objetos y analiza el entorno para realizar tareas domésticas. Está programado para lavar platos, ropa, servir bebidas y más [www-51].
- Optimus Gen 2: Tesla presentó su segunda generación de Optimus en diciembre de 2023. Incluye nuevas articulaciones para moverse con mayor facilidad y un cuello que le da un aspecto más humano [www-52].
- Figure 01: Es un robot avanzado que se acerca a la apariencia y funcionalidad de los humanoides que la ciencia ficción había anticipado. Desarrollado con el apoyo de Open AI, Nvidia y Jeff Bezos, es capaz de discernir objetos no solo por su forma

sino por su funcionalidad, ajustar sus movimientos y evaluar su desempeño [www-53].

- Robot Sophia: Creada por Hanson Robotics, Sophia es famosa por su capacidad de comunicación y ha sido reconocida como ciudadana en Arabia Saudita [www-54].

- Robot Curiosity: Este robot de la NASA está explorando Marte, enviando datos valiosos sobre el planeta rojo [www-55].

- Robot Asimo: Desarrollado por Honda, Asimo fue uno de los primeros robots asistentes personales y sigue siendo un icono en el campo de la robótica [www-56].

- Robot Nao: Ideal para la educación y la investigación, Nao es un asistente humanoide creado por SoftBank Robotic [www-57].

- …

La integración de la inteligencia artificial en la robótica ha catalizado una era de innovación sin precedentes, abriendo nuevas fronteras. Esta fusión ha generado sistemas capaces de realizar tareas complejas con una autonomía y eficiencia que antes eran impensables como, por ejemplo:

- El aumento significativo de la eficiencia de las líneas de producción, y la realización de tareas que representarían un riesgo significativo para los humanos.

- El desempeño de papeles significativos en nuestros hogares y comunidades, simplificando las tareas domésticas y mejorando nuestra calidad de vida.

- Los robots autónomos, desde vehículos autónomos hasta drones de entrega y asistentes personales, están cada vez más presentes en nuestra vida cotidiana y prometen revolucionar la logística y el comercio electrónico.

- La exploración y colonización espacial han sido particularmente beneficiadas por la fusión de la inteligencia artificial y la robótica.
- Lo mismo para campos como la agricultura, donde los robots pueden monitorear cultivos y administrar fertilizantes de manera precisa.
- Los robots sociales y de compañía están diseñados para interactuar con humanos de manera natural y empática, encontrando aplicaciones en la educación, en la salud.

Llegados a este momento, y haciendo honor al título de este apartado, hagamos unas reflexiones:

- Empecemos con la inteligencia artificial generativa, a pesar de lo espectacular de los resultados que ofrece, existen voces que señalan las limitaciones de esta rama de la inteligencia artificial, y lo lejos que está de emular las funciones del cerebro humano. El pasado agosto de 2023, el físico Michio Kaku [www-11], denunciaba el sensacionalismo que se ha generado en torno a estos robots conversacionales, que, a su juicio personal, no hacen más que seleccionar y ordenar contenidos de Internet, sin saber discernir la verdad de la ficción, ni distinguir los datos reales de la desinformación. Básicamente, los LLM no serían más que versiones avanzadas de los buscadores de la web, como Google, que han estado funcionando durante los últimos veinte años.
- Por otro lado, ¿qué tipo de razonamiento ofrecen los LLM?, la respuesta es que es muy, muy primitivo, y la razón por la que se puede decir que es pri-

mitivo es porque la cantidad de cálculo que se gasta por palabra *(token)* producida es constante una vez fijado el tamaño y la arquitectura del modelo. Si hace bien una pregunta mediante el adecuado diseño del *prompt* [B-13] y esa pregunta tiene una respuesta en un número determinado de palabras *(tokens)*, la cantidad de cálculo dedicado a generar esa respuesta se puede estimar exactamente. Es el tamaño de la red de predicción con sus X capas o lo que sea multiplicado por la cantidad de palabras *(tokens)*, es decir, la cantidad de cálculo que el sistema podrá dedicar a la respuesta es proporcional al número de palabras producidas en la respuesta, eso es todo. No importa si la pregunta que se hace es simple, complicada o imposible de responder, un LLM no «lo sabe». Su capacidad se basa en patrones lingüísticos y datos disponibles. Si lo comparamos con nosotros, esta no es la forma en que razonamos cuando nos enfrentamos a una pregunta o a un problema complejo, dedicamos más tiempo a intentar resolverlo y responderlo porque es más difícil que si la pregunta o el problema fuera sencillo.

- Además, no hemos tenido que leer millones de textos para aprender lo que sabemos. Solo hemos leído un puñado de ellos, probablemente solo un millar de libros como máximo. A menudo podemos aprender cosas después de ver solo un ejemplo. Y, de hecho, podemos aprender incluso de cero ejemplos, si nos dan instrucciones claras.
- Del mismo modo que todos nosotros somos propensos a cometer errores, los sistemas generativos se dice que alucinan. Leamos cómo lo expresan ellos cuando se les pregunta por qué alucinan.

«Como no tengo un cerebro biológico, no puedo experimentar estos fenómenos. Pero lo que sí es cierto es que a veces la inteligencia generativa, como yo, podemos generar respuestas que no tienen sentido o que son falsas, o que no siguen una lógica coherente, o que proporcionan información contradictoria». Ahora observen, la expresión «Alucinación de un modelo de inteligencia artificial generativa» vuelve a antropomorfizar de una forma poco razonable a esos hechos.

Veamos un ejemplo de inteligencia artificial generativa realizado por Sora al hacer un vídeo. https://www.youtube.com/watch?v=ESfMSGuGa_Q

Y ahora veamos otro ejemplo de inteligencia artificial generativa realizado por Sora al hacer otro vídeo. https://www.youtube.com/watch?v=pvYq3LaOHoY

Los sistemas generativos se comportarán correctamente según la información con las que haya sido entrenado, preentrenado o ajustado, pero hay un espacio completo de cosas en el mundo real en las que no es posible haber sido entrenado porque su número es gigantesco. Por ello, su buen comportamiento puede romperse descubriendo un mensaje que está fuera del conjunto de mensajes en los que se entrenó, en cuyo caso simplemente arrojará completas tonterías.

Nos afirman que se va a poder esperar que los *chatbots* y otros sistemas generativos de inteligencia artificial se vuelvan más precisos con el tiempo a medida que se recopilen más datos y se construyan modelos más grandes. Eso puede ser cierto. Pero ¿qué define que una respuesta dada por una inteligencia artificial generativa es correcta o es una alucinación?

¡El ser humano que la interpreta!

Si la respuesta es alucinatoria o no, depende enteramente de la forma en que el texto se relaciona con objetos y eventos del mundo real. Y el establecimiento de esa relación es una tarea subjetiva característica del conocimiento que tiene el ser humano que interpreta la respuesta.

Volviendo al caso de los LLM, esto parece implicar que no hay nada inherente al texto del par entrada-salida que lo haga alucinatorio o no; es decir, la alucinatoriedad no es del todo una propiedad del texto. Observen que la inteligencia artificial generativa está haciendo siempre lo mismo.

- No distingue pares entrada-salida.
- No hace nada diferente de cuando se supone que no alucina, a cuando alucina.

Por lo tanto, las alucinaciones y las no alucinaciones no son en realidad categorías distintas de resultados. El sistema no puede distinguir la diferencia entre generar verdades y generar mentiras. En ese caso podría afirmarse que la inteligencia artificial generativa siempre alucina, de hecho, estos sistemas los encontramos interesantes porque nos resultan útiles cuando sus predicciones coinciden con hechos reales [B-14].

Dado que para el sistema no existe algo que sea objetivamente alucinatorio y algo que no lo sea, después de pensar mucho sobre la naturaleza de las alucinaciones, personalmente estoy bastante convencido de que la inteligencia artificial generativa ha alcanzado un callejón sin salida conceptual. Y por lo tanto no es tan obvio que más datos o modelos más grandes conduzcan a menos alucinaciones.

Volviendo a los modelos comerciales citados al principio, uno podría preguntarse: ¿Se puede comprender el mundo solo a través de textos, imágenes, vídeos y sonidos? La respuesta es que no. Si bien estas fuentes de información pueden proporcionarnos diferentes aspectos informacionales valiosos sobre el mundo, tienen sus limitaciones. Para tener una comprensión completa del mundo, es necesario combinar estas fuentes de información con la experiencia directa a través de los sentidos, y mediante la interacción con otros como nosotros podemos aprender sobre sus experiencias y perspectivas. Sin ello, por ejemplo: no se pueden capturar emociones, sensaciones como los olores, los sabores o las texturas, ni tampoco información contextual o experiencias subjetivas.

Si ahora seguimos la reflexión fijándonos en el mundo de la robótica, vamos a volver a la vieja paradoja de Moravec [www-12a y 12b], pionero de la robótica, quien dijo, ¿cómo es que con las computadoras parece fácil realizar tareas complejas de alto nivel como jugar al ajedrez, resolver integrales o aprobar el examen de la abogacía y actividades de esa índole, mientras que las cosas que damos por sentado, como aprender a conducir un automóvil en 20 horas como cualquier joven de 18 años o lo que hace un niño de 10 años para aprender de una sola vez a limpiar la mesa y llenar el lavavajillas, no podemos hacerlo con la misma facilidad con computadoras? ¿Por qué es eso? ¿Qué nos falta? ¿Qué tipo de arquitectura de aprendizaje o razonamiento o lo que sea que nos falta para alcanzar ese tipo de objetivos?

Técnicamente, lograr que los sistemas robóticos interactúen eficazmente con el mundo físico sigue siendo un reto, especialmente en entornos cambiantes o impredecibles. La integración de percepciones sensoriales, procesamiento de datos y actuación física en tiempo real requiere algoritmos complejos y *hardware* avanzado [B-05].

Por último, tanto para la inteligencia artificial generativa como para los sistemas robóticos, y desde una perspectiva ética, el aumento de la autonomía de este tipo de sistemas plantea preguntas sobre la responsabilidad en caso de errores o accidentes, especialmente en contextos críticos, lo que exige un escrutinio ético y regulaciones que aún están en desarrollo.

CONOCIMIENTO EXPLÍCITO
Y CONOCIMIENTO IMPLÍCITO

Imagen creada mediante inteligencia artificial,
utilizando Microsoft Bing, Copilot Designer, con tecnología de Dall-E 3

En el ser humano y en el contexto de la resolución de problemas, el conocimiento implica la capacidad de aplicar información relevante y utilizarla de manera efectiva para encontrar soluciones. Ahora bien, según la forma de accederlo y transmitirlo, podemos encontrar al menos dos tipos de conocimiento, el explícito y el implícito [www-13].

Incluimos dentro de la tipología de conocimiento explícito, todo aquel que puede ser estructurado, almacenado y distribuido. Hablamos por tanto de expresiones gramaticales, fórmulas y ecuaciones, especificaciones, tutoriales, procedimientos e instrucciones, manuales. Se puede encontrar en libros, artículos, sitios web, instituciones educativas, museos, exposiciones, conferencias. Y también puede tener carácter audiovisual o multimedia. Dicho conocimiento puede ser transmitido fácilmente de un individuo a otro y domina en la tradición filosófica occidental. Por ejemplo, la información contenida en enciclopedias, incluida la Wikipedia, son buenos ejemplos de conocimiento explícito. Por todo ello, el conocimiento explícito, con mucho ingenio, puede ser procesado por un equipo informático, distribuido electrónicamente o almacenado en una base de datos.

Es importante tener en cuenta que no todo el conocimiento es explícito. Algunas formas de conocimiento son implícitas, lo que significa que no se pueden articular o comunicar fácilmente. El conocimiento implícito se puede adquirir a través de la experiencia, la intuición o el sentido común.

Este tipo de conocimiento implícito fue introducido por primera vez en la década de 1950 por el científico y filósofo Michael Polanyi [www-14]. En el caso del conocimiento implícito, hacemos referencia a aquellos conocimientos que forman parte de nuestro modelo mental, fruto del conocimiento práctico desarrollado desde nuestra experiencia personal e involucra factores intangibles como ideas, hábitos, creencias, valores, puntos de vista, intuición, aspectos culturales, destrezas, etc. Se caracteriza porque es disperso, altamente pragmático, se aplica subconscientemente, y no se ha podido o sabido explicar o comunicar verbal o visualmente de forma sistematizada. Por lo tanto, no podemos estructurarlo, almacenarlo ni distribuirlo de forma automática. Por ello, este tipo de conocimiento es el más difícil de gestionar, ya que en muchas ocasiones ni siquiera su propietario es consciente de que lo posee. Como diría Michael Polanyi, el concepto de conocimiento implícito se sintetiza poderosamente en la expresión: «Sabemos mucho más de lo que podemos explicar». Esta frase de sentido común captura sucintamente el hecho de que sabemos tácitamente mucho sobre cómo funciona el mundo, pero no somos capaces de describir explícitamente este conocimiento.

La principal característica de transmisión del conocimiento implícito es que su acceso es imposible sin la interacción directa y personal con los actores que lo poseen, pues su transferencia depende principalmente del esfuerzo creativo para expresarlo a través de imágenes verbales, metáforas, símbolos heurísticos y analogías. Lo que va a llevar a tener que enfrentar desafíos como la toma de decisiones intuitiva, la desambiguación de sentidos, los modismos, la detección de la ironía, del humor y del sarcasmo, la comprensión narrativa y de los matices del lenguaje, ya que todos ellos requieren tipos avanzados de razonamiento, por ejemplo, sentido común relacionado con el razonamiento sensorial y el razonamiento causal. Crear sistemas de inteligencia artificial verdaderamente globales y crear aplicaciones que requieren empatía, inteligencia emocional y comprensión matizada, requiere no solo competencia lingüística, sino también una profunda comprensión cultural.

Ejemplos de conocimiento implícito:

- Habilidades y destrezas:
  — Montar en bicicleta sin tener que pensar en los pasos específicos.
  — Tocar un instrumento musical sin tener que leer partituras.
  — Entender el significado de un chiste, un sarcasmo o una ironía.
  — Reconocer el rostro de un amigo en una multitud.

- Saber cómo desenvolverse en una situación social sin tener que seguir reglas estrictas:
  — Sentido común.
  — Saber cuándo alguien está mintiendo o siendo sincero, incluso si no hay pruebas evidentes.
  — Sentir que algo no está bien en una situación, incluso si no se puede explicar por qué.
  — Tomar decisiones rápidas y acertadas basándose en la intuición.
  — Saber cuándo es el momento adecuado para decir o hacer algo.
  — Entender las normas sociales no escritas y cómo comportarse en diferentes situaciones.

- Conocimientos culturales y sociales:
  — Comprender las costumbres y tradiciones de una cultura en particular.
  — Saber cómo interactuar con personas de diferentes orígenes culturales.

— Entender el lenguaje no verbal, como los gestos y las expresiones faciales.

— Estar al día con las últimas tendencias y modas.

— Saber cómo comportarse en diferentes entornos sociales, como una cena formal o una fiesta informal.

• Memoria procedimental:

— Saber cómo atarse los zapatos sin tener que pensar en los pasos específicos.

— Saber cómo conducir un coche sin tener que concentrarse en cada movimiento.

— Saber cómo escribir a mano sin tener que mirar el papel.

— Saber cómo usar un programa informático sin tener que leer las instrucciones.

— Saber cómo realizar una tarea compleja sin tener que pensar en cada paso individual.

Visto lo que se acaba de enumerar, se puede adquirir conocimiento implícito: observando a los demás y analizando cómo interactúan con el mundo, experimentando diferentes situaciones y aprendiendo de ellas, practicando una habilidad o destreza hasta que se vuelva automática, interactuando con personas de diferentes orígenes y culturas, sumergiéndose en ellas.

Es importante recordar que el conocimiento implícito es muy valioso y nos permite: realizar tareas de forma automática, tomar decisiones rápidas y comprender el mundo que nos rodea, nos ayuda a relacionarnos con los demás y construir relaciones sociales, y nos permite navegar por el mundo de manera efectiva.

ALGUNOS DESAFÍOS PENDIENTES DE ALCANZAR

*Imagen creada mediante inteligencia artificial,
utilizando Microsoft Bing, Copilot Designer, con tecnología de Dall-E 3*

Antes de empezar a hablar de los temas pendientes para la inteligencia artificial y para la robótica, vale la pena considerar qué entendemos por inteligencia corporeizada natural. Como una imagen vale más que mil palabras, veamos el siguiente vídeo en el que se muestra la inteligencia en su máxima expresión, que podría resumirse como «la capacidad de adquirir y aplicar conocimientos implícitos y habilidades para entender el mundo y resolver problemas».

https://www.youtube.com/shorts/MPK_eJ9YGAg

En él hemos observado el resultado del funcionamiento de las redes neuronales del cerebro del niño en interacción con un entorno hasta el momento desconocido para él. El proceso le ha permitido aprender a identificar patrones y relaciones complejas a partir de datos sensoriales externos. La información que va adquiriendo durante el proceso la va a ir utilizando el niño para controlar de forma cada vez más precisa y adaptable su dinámica de adquisición de conocimiento empírico, y una vez finalizado el proceso, el niño habrá adquirido conocimiento implícito que le permitirá predecir su comportamiento futuro en situaciones parecidas o análogas.

La maduración de estas habilidades a menudo marca los mayores avances en el desarrollo de los niños: un cambio radical en la flexibilidad e independencia del comportamiento ocurre, por ejemplo, alrededor de los 12 meses, con la capacidad de buscar un objeto (ya sea comida, juguete o padre) que se ha perdido de vista [B-06].

Y ahora dirijamos nuestra atención hacia uno de los resultados tecnológicos más importantes de la actualidad que es la inteligencia artificial generativa. Empecemos por los modelos de lenguaje que son capaces de producir texto escrito de una manera aparentemente muy humana, para ello esos modelos han podido adquirir una gran cantidad de patrones textuales a partir de los conjuntos de datos a escala de Internet utilizados para entrenarlos. Sin embargo, este conocimiento tiene un costo significativo, ya que los recursos informáticos necesarios para desarrollar los modelos grandes de lenguaje (LLM) más recientes han costado entre 50 y 100 millones de dólares (Sam Altman, entrevista en *Forbes,* septiembre de 2023). Una vez entrenados, los modelos de lenguaje pueden adquirir pequeñas cantidades de nueva información más específica, requiriendo por lo general un reentrenamiento menos intensivo. En lo que respecta a la utilización de la información adquirida, los modelos lingüísticos son excelentes para recuperar o generar textos que representan conocimientos relevantes o no y presentarlos muy bien escritos.

Ahora, hagamos las siguientes reflexiones. Es indiscutible que para los *sapiens* la exposición a la palabra escrita, es decir, leer libros, es la mejor forma de desarrollar un lenguaje avanzado que a su vez es lo que le va a permitir construir pensamientos complejos. La razón es que la complejidad léxica y gramatical de los corpus textuales es mucho mayor que la de los corpus orales o visuales. Hay más riqueza lingüística en un álbum de preescolar que en todos los corpus orales o visuales corrientes, como pueden ser: discusiones entre adultos cultos, películas, series, dibujos animados, programas de televisión…

Leer y comprender un libro es una de las actividades esenciales humanas. Es el proceso por el cual mucho de nuestro conocimiento elaborado se traspasa de generación en generación. Un humano que comienza a leer a los cuatro años, si vive 100 años y lee un libro después de otro sin interrupción, puede alcanzar la lectura de 35 000 libros. Pero Google estimó en 2010 que la humanidad había generado unos 129 millones de libros [www-16]. ¿Qué podemos hacer para superar las limitaciones de la biología? Aquí tenemos un problema característico de las limitaciones humanas. Pero no solo vamos a pensar que queremos alcanzar la capacidad de poder leer todo, sino que queremos algo más. Por ejemplo, planteémonos un problema típico de un entorno universitario. Leer un capítulo de un libro, comprenderlo y saber responder a las preguntas o problemas que aparecen al final de ese capítulo [B-12].

Como ya hemos dicho, siempre que el *sapiens* ha tropezado con algún tipo de problema, recurre a la búsqueda de artefactos que le permitan superar sus limitaciones. Es evidente que, en estos momentos de su evolución, podríamos pensar que deberíamos enseñar a una inteligencia artificial generativa a leer un libro, entenderlo y demostrarlo sabiendo responder a las preguntas que aparecen al final de cada capítulo.

Veamos por qué esto todavía no ha ocurrido. Para que una máquina lea un libro comprendiéndolo se necesita por lo menos:

- Convertir la información existente a una forma procesable por una máquina.
- Leer y comprender el texto que estará escrito en lenguaje natural. Lo que significa que se debe superar las ambigüedades e imprecisiones del lenguaje humano, e interpretar la intención del autor.
- Convertir lo comprendido en representaciones ejecutables de dicho conocimiento.
- Interpretar y representar las preguntas en condiciones iniciales y objetivo a alcanzar.
- Y para intentar resolver el problema, deberemos lograr lo que los *sapiens* consiguen, que es aplicar el conocimiento extraído de los capítulos, junto

con su propio conocimiento adquirido, en el que hay que incluir, el conocimiento cualitativo implícito que como sabemos no está en el libro.

Y ahora vale la pena considerar qué entendemos por inteligencia corporeizada artificial. De nuevo, como una imagen vale más que mil palabras, veamos el siguiente vídeo en el que se muestra una de las máxima expresiones de robots, que podría resumirse como «la capacidad de adquirir y aplicar conocimientos implícitos y habilidades para entender el mundo y resolver problemas».
https://www.youtube.com/watch?v=-9EM5_VFlt8&t=106s
https://www.youtube.com/watch?v=-9EM5_VFlt8

En él hemos observado el resultado del funcionamiento del impresionante sistema de control dinámico y aprendizaje automático del robot Atlas de Boston Dynamics [www-17] en interacción con dos entornos, uno de laboratorio y otro en el mundo real. Dicho sistema permite que el robot realice una variedad de tareas complejas que requieren movimiento y manipulación de objetos, adaptándose con lo aprendido a nuevas situaciones.

En el caso del laboratorio, a partir de muchas pruebas y ensayos cuidadosamente controlados y mediante la extracción de una gran cantidad de datos sensoriales externos, los procesos de aprendizaje del robot le han permitido identificar patrones y relaciones complejas que le ayudan a controlar de forma cada vez más precisa y adaptable su dinámica de movimiento manteniendo el equilibrio y evitando obstáculos. Todo ello le permite realizar tareas impresionantes.

Observen que en ambos entornos se le ha visto caer, tropezar y resbalar. Y en particular, en el mundo real, el robot aún tendría que enfrentar una amplia gama de desafíos y variables imprevistas que en el entorno de aprendizaje no han ocurrido, y es probable que su desempeño no sea tan fluido o confiable como en las demostraciones de laboratorio. La razón se debe a que su aprendizaje aún no es perfecto y el conocimiento adquirido a veces no le permite predecir un comportamiento adecuado.

QUÉ ES EL SENTIDO COMÚN

Imagen creada mediante inteligencia artificial,
utilizando Microsoft Bing, Copilot Designer, con tecnología de Dall-E 3

No hace falta ser un genio para moverse en la vida cotidiana y preparar la cena, conducir hacia el trabajo, pasear al perro y cosas así. Muchas de esas actividades se basan simplemente en conocer, observar y hacer suposiciones sobre el tipo y la esencia de las situaciones ordinarias a las que estamos acostumbrados.

Por ejemplo, una persona que nunca haya visto un dodecaedro romano [www-19] y que ni sepa para qué sirve, si se le hace entrega de uno en las manos, tiene la certeza de que, si lo suelta, caerá al suelo. No importa que no tenga ninguna información sobre ese extraño objeto, la capacidad humana de abstraer y generalizar le permite conocer exactamente su comportamiento al dejarlo caer.

Esa persona cuando era bebé y su madre lo sostenía en brazos, seguro que tiró el sonajero que llevaba en la mano varias veces y se quedó mirando cómo caía y rebotaba en el suelo. En ese momento recibió información del mundo que le rodeaba y a través de otras múltiples experiencias durante su vida, asumió inconscientemente que cualquier cosa que tire desde lo alto seguirá las mismas normas [www-03]. Pero eso no siempre es así, en algún otro momento de su vida descubrirá con alborozo que, si suelta un globo con helio, este flotará y no caerá.

De lo que estamos hablando es del sentido común. Por definición, el sentido común es algo que todo el mundo tiene y se refieren a un tipo de conciencia básica y capacidad de juicio que se espera que la mayoría de las personas compartan de forma natural, aunque no puedan explicar por qué. Si mira a su alrededor y trata de pensar en todos los tipos de reglas generales que operan en el mundo en el que vive todos los días, hay un gran número y nunca pensamos en ellas explícitamente. Los seres humanos normalmente no somos conscientes de la gran cantidad de suposiciones de sentido común que sub-yacen a cada afirmación o acción que realizamos.

Se trata de un conocimiento implícito sobreentendi-do, que no está escrito en ninguna parte, ni se adquiere mediante reglas formales. Lo vamos adquiriendo de ma-nera imperceptible desde el día en que nacemos, deriván-dolo de la interacción con el entorno, es algo que apren-demos por experiencia y curiosidad, sin ser conscientes de ello. Nuestro sentido común maneja bien la ambigüe-dad y la vaguedad, nos permite planificar, estimar y orga-nizar sin tener que ser demasiado exactos, y a través de él, adquirimos la capacidad de razonar, predecir y tomar de-cisiones, entendemos el mundo, nos comportamos de manera razonable ante situaciones inesperadas, nos co-municamos de manera natural con las personas y apren-demos de nuevas experiencias.

Este conocimiento incluye una comprensión general de cómo funciona el mundo físico (es decir, física intuiti-va o ingenua que no utiliza ecuaciones: el mundo es tridi-mensional, hay objetos de formas diferentes, que depen-diendo de su posición unos pueden ocluir a otros más distantes, que los objetos no aparecen, desaparecen, ni se teletransportan espontáneamente, se mueven suavemen-te y solo pueden estar en un lugar a la vez, si sueltas un bolígrafo, caerá al suelo). También nos proporciona una comprensión básica de los comportamientos humanos y habilidades sociales (es decir, psicología intuitiva: si em-pujas a alguien al azar, lo molestarás. Las personas se po-nen tristes cuando pierden algo valioso. Tenemos la capa-cidad de razonar sobre las emociones de otras personas). Nos introduce en el mundo de la lógica (si algo está mojado, probablemente ha estado en contacto con agua). Incluye conocimientos previos de nociones abstractas, como el tiempo, el espacio y los acontecimientos. Y nos permite diferenciar aspectos morales y éticos.

Otra de las características del ser humano teniendo en cuenta el sentido común humano es la capacidad de generalización. Lo hacemos todo el tiempo, combinamos lo aprendido antes con lo novedoso, componemos partes de información para poder entender conceptos o frases complejas. Un ejemplo sería tratar de imaginar un cuadrado rojo cuando solo hemos aprendido dos cosas: qué es un cuadrado azul y qué es un círculo rojo. Los humanos somos capaces de separar las figuras por un lado y los colores por otro, y luego unirlos conceptualmente en la idea de un cuadrado rojo, aun no habiendo visto nunca uno [www-04]. Otro ejemplo es que con el tiempo acabamos entendiendo el sarcasmo y el humor. El entendimiento en ambos casos es una tarea compleja que requiere la capacidad de comprender el contexto de una conversación, las intenciones del hablante y las normas sociales y culturales existentes en un momento determinado del tiempo y en un lugar concreto del espacio.

¿Cómo adquieren los seres humanos el sentido común? Para ello, no se necesita horas de instrucción ni leer miles de libros para llegar a esos resultados. Los humanos somos capaces de adaptarnos con facilidad, gracias a nuestra capacidad de razonamiento y de hacer inferencias lógicas a partir de nuestro sentido común aplicando conocimientos generales a situaciones específicas y contextos variados. Nosotros los humanos no somos solamente identificadores de patrones, también construimos modelos sobre las cosas que vemos, y estos son modelos causales, ya que llegamos a comprender causa y efecto. Parafraseando al profesor Ernest Davis [www-18] de la Universidad de NY el conocimiento de sentido común es «lo que un típico niño de siete años sabe sobre el mundo».

También es verdad, que el sentido común conduce a la adquisición de ideas ingenuas acerca de conceptos complejos sobre los que posteriormente se construirá el nuevo conocimiento. A modo de ejemplo véase la «Encuesta sobre conocimiento científico impulsada por la Fundación BBVA» [www-15] en la que han participado más de 27 000 personas en Europa, EE. UU., Israel y Turquía con unos resultados que pueden parecer sorprendentes en pleno siglo XXI:

- Uno de cada cuatro sigue sin creer en la teoría de la evolución.
- Uno de cada cuatro cree que el Sol gira alrededor de la Tierra.
- Un de cada cuatro cree que la Tierra es el centro del universo.
- Uno de cada dos cree que los tomates comunes no tienen genes, mientras que los tomates obtenidos por ingeniería genética sí.
- Uno de cada dos piensa que la luz que llega del Sol a la Tierra está hecha de un solo color: blanco.
- …

A pesar de lo afirmado y de que parece que sabemos de lo que hablamos, no existe todavía una definición precisa de lo que es el sentido común. Como se puede intuir, el dominio de ese tipo de conocimientos es muy desestructurado, lo que lo hace difícil de formalizar, el volumen de conocimientos de este tipo que acumulamos a lo largo de nuestras vidas es muy considerable, según Marvin Minsky, se estima que el sentido común es conocer 30 o 50 millones de cosas, y que estas sean representadas de tal forma que se puedan hacer analogías con otros acontecimientos almacenándolas según su utilidad o los recuerdos que evocan. Y también resulta difícil saber cuándo se podría considerar que se ha completado el proceso. La naturaleza oscura pero omnipresente del razonamiento de sentido común hace que sea difícil articularlo y codificarlo. Todo ello dificulta enormemente que podamos transmitírselo a una inteligencia artificial. Recordemos la frase que inicia esta presentación. «Lo que un humano no entiende, mal lo puede explicar a otro humano y menos a una máquina».

¿POR QUÉ EL SENTIDO COMÚN ES TAN IMPORTANTE PARA LOS SISTEMAS DE INTELIGENTES?

Imagen creada mediante inteligencia artificial,
utilizando Microsoft Bing, Copilot Designer, con tecnología de Dall-E 3

Los sistemas de inteligencia artificial y de robótica pueden entrenarse para superar el trabajo humano en determinadas tareas, como jugar, reconocer imágenes, controlar grandes sistemas de refrigeración o pintar coches. Sin embargo, estos sistemas no pueden actuar fuera de la tarea para la que han sido entrenados. Además, a menudo fracasan incluso ante desviaciones menores de los comportamientos esperados del mundo que los rodea. Esto significa que los sistemas inteligentes solo pueden usarse para tareas muy específicas, bien definidas o donde el entorno puede controlarse estrictamente. Para que esos sistemas vayan más allá de estas tareas limitadas, se requieren una serie de habilidades, como, por ejemplo, el sentido común.

La falta de sentido común en los sistemas inteligentes puede llevarlos a cometer errores graves en aplicaciones críticas, como, por ejemplo: la asistencia médica, la conducción autónoma y la toma de decisiones financieras. Además, el sentido común es fundamental para la interacción social efectiva, y su ausencia puede hacer que este tipo de sistemas sean vistos como ineficaces o insensibles. Lo cual plantea implicaciones éticas y prácticas.

Pongamos un ejemplo del mundo de los videojuegos. En marzo de 2020, investigadores de la empresa británica DeepMind [www-28], hoy propiedad de Google, entrenaron a una red neuronal para jugar al popular videojuego Breakout [www-29]. Se trata de un título clásico de Atari [www-30] en el que el jugador dispone de una raqueta y de una pelota con las que ir destruyendo una serie de capas de ladrillos situadas en la parte superior de la pantalla. La sorpresa para DeepMind fue mayúscula cuando, sin haber programado al sistema con las reglas y el modo de operar del juego, la inteligencia artificial aprendió por sí sola a manejar la pelota y, tras unas seiscientas partidas, consiguió desarrollar técnicas más avanzadas que los jugadores humanos [www-03]. Sin embargo, poco tiempo después otro equipo de científicos de la empresa Vicarious [www-31] decidió volver a poner a prueba al algoritmo. Reprodujeron con éxito el proceso de aprendizaje del sistema, pero, una vez conseguido, comenzaron a introducir pequeños cambios en el videojuego. Modificaciones como elevar la altura de la raqueta o poner un núcleo de ladrillos indestructibles dentro del conjunto, aspectos que son asimilados casi instantáneamente por el jugador humano y, sin embargo, el sistema de inteligencia artificial no lo consiguió. Solamente sabía jugar a la versión de Breakout con la que había aprendido, pero fallaba cuando esta sufría la mínima alteración. En cambio, el ser humano realiza inferencias sobre todo lo que le rodea, de forma que su sentido común le ayuda a comprender y enfrentarse a situaciones nuevas, por lo que el jugador entiende la filosofía de Breakout y es capaz de suponer que, aunque cambien determinadas condiciones, las reglas y los objetivos son los mismos [www-03].

Otros ejemplos los podemos encontrar en el mundo de los vehículos autónomos que en la actualidad son una de las mayores demostraciones tecnológicas, en ellos se unen aprendizaje profundo, visión por computador, radar, LIDAR..., y horas sin conocimiento de ingenieros talentosos. Existen prototipos de vehículos autónomos modernos y se predijo que para el 2020 estarían en circulación. Entonces, ¿por qué los vehículos autónomos no están revolucionando ya la movilidad? [B-10].

Se calcula que los robotaxis, en caso de éxito, serán un negocio ultra tecnológico multimillonario. Es una de las grandes apuestas tecnológicas en las que muchas marcas se embarcaron con la promesa de un futuro brillante si se conseguía la conducción autónoma de nivel 4 o 5, es decir, que el coche conduzca solo, sin intervención o supervisión de un humano.

Pero la realidad ha sido dura. Varias compañías se han visto envueltas en una serie de accidentes, algunos de ellos luctuosos, debidos a comportamientos inesperados de la realidad, por ello la viabilidad de la conducción autónoma industrial para algunas de las empresas involucradas se ha puesto en cuestión lo que ha finalizado el programa de investigación y desarrollo de conducción autónoma de algunas compañías como, por ejemplo, Cruise o Uber. Además, Ford y Volkswagen cancelaron el proyecto Argo AI, su *startup* de taxis robotizados multimillonarios; Uber puso fin a su programa y vendió la unidad a Aurora; Motional, respaldada por Hyundai, redujo sus operaciones; y Zoox, de Amazon, aún no ha comenzado a ofrecer viajes comerciales en su furgoneta eléctrica diseñada a medida, aunque eso podría suceder a fines de este año. Otros *startups* de transporte robótico que alguna vez fueron prometedoras, como TuSimple, Embark, Ike y Starsky, también fracasaron o fueron adquiridas por otras empresas. Todo ello indica que la consecución de la conducción autónoma no es un problema sencillo.

En la actualidad, ya existen servicios de robotaxis, como el de Waymo, el servicio de vehículos autónomos que es propiedad y está operado por Alphabet, matriz de Google, que opera en San Francisco, Phoenix o Los Ángeles, en el que un coche vacío viene solo, te recoge y te lleva a tu destino durante los 7 días de la semana las 24 horas del día. No es magia, es alta tecnología. Pero incluso después de seis años de operar en Phoenix y sus alrededores, el servicio de Waymo todavía está disponible en poco más de la mitad de la ciudad. Y si bien ahora tiene 200 000 pasajeros en San Francisco, el servicio de robotaxi se ofrece en solo una pequeña parte de la enorme región de Los Ángeles, donde las operaciones comerciales comenzaron hace varias semanas. Agregar cientos de vehículos más en cada una de esas ubicaciones y en Austin, y aumentar el área de servicio en las ciudades en las que está presente, aumentaría drásticamente los ingresos, pero la flota de Waymo, repleta de sensores y controlada por inteligencia artificial, no será omnipresente en las ciudades estadounidenses en un futuro próximo, pero 2024 es un punto de inflexión para una tecnología que muchos defensores esperaban que llegara hace años. Después de 15 años de I+D, más de 8 000 millones de dólares de inversión y múltiples programas piloto, los robotaxis de Waymo se han convertido en un negocio, que reserva más de 50 000 viajes a la semana en las tres ciudades. Y mientras no se demuestre lo contrario, «*Waymo es realmente el ganador en el juego de los robotaxi*», tal y como dijo Ross Gerber, director ejecutivo del administrador de patrimonio Gerber Kawasaki, con sede en Los Ángeles, inversionista en Alphabet y potencial rival de los vehículos autónomos Tesla, que por el momento siguen en la brecha, pero con avances más limitados [www-67]. El camino hacia la comercialización de la tecnología de conducción autónoma todavía no está exento de desafíos. Es por eso por lo que Waymo ha decidido escalar de manera lenta pero más segura. A pesar de ello, hay noticias de que los reguladores de seguridad de Estados Unidos conocidos con el nombre de National Highway Traffic Safety Administration (NHTSA) [www-68] están investigando docenas de informes sobre el comportamiento errático de sus vehículos, aunque ninguno de ellos ha implicado lesiones o muertes. Por ejemplo, a principios de junio de 2024, la compañía anunció un retiro de *software* para toda su flota de 672 vehículos después de que un robotaxi en Phoenix chocara contra un poste de teléfono en mayo mientras intentaba detenerse a baja velocidad.

En Europa hay algún reducto de esperanza en *startups* avanzadas como Wayve [www-71]. Esta empresa, con sede en Reino Unido, está liderada por la japonesa Softbank (también participan Nvidia y Microsoft), para integrar su tecnología de conducción autónoma en la de múltiples fabricantes.

La otra clave de este mercado está muy lejos de Silicon Valley, en la otra punta, en China. En la ciudad de Wuhan (11 millones de habitantes), se está llevando a cabo el mayor experimento con taxis autónomos de todo el mundo. En total, Baidu, el Google chino, tiene ya 1 500 taxis sin conductor circulando por la ciudad y cobrando tarifas a clientes. La diferencia respecto a EE. UU. o Europa es que las autoridades chinas se están volcando en apoyar el sector. En lugar de retirar licencias en caso de accidente, como le ocurrió a Cruise, los reguladores locales llevan años concediéndolas. En lugar de airear los casos de accidentes y contribuir a la desconfianza de la opinión pública, la censura china está eliminando todos los comentarios en foros *online* en los que se pone en duda la seguridad de los vehículos, según varias investigaciones del NYT [www-70].

Otra pregunta es que, según las experiencias, queda bastante claro a estas alturas que poner a prueba coches autónomos en las soleadas tierras californianas está resultando un proceso difícil, pero parece que tendrá buen fin, ahora bien, ¿qué pasará cuando se vaya a un clima extremo como el de Rusia y su escasa red de carreteras asfaltadas?

Aunque para poner en jaque la proeza técnica de los robotaxis, solo hace falta una simple camiseta. Y eso tiene graves implicaciones en términos de seguridad.
https://twitter.com/i/status/1782027533749223441

El experimento de Jason Carr fue tan sencillo como ingenioso: se puso una camiseta estampada con una señal de stop, un accesorio de baja tecnología, pero suficiente como para confundir a la avanzada tecnología de los robotaxis. Simplemente parándose en la acera, el Jaguar I-Pace de Waymo, equipado con algunos de los sistemas de conducción autónoma más avanzados del mercado, se detuvo al ver la camiseta de Carr.

Otro ejemplo. Un automóvil autónomo llega a un cruce regulado por semáforos, y estos se han quedado con las luces encendidas en su último estado (unos en rojo y otros en verde). Los seres humanos sabrían salir del atolladero saltándose las normas aplicando el sentido común, ¿Qué haría un automóvil autónomo?, posiblemente crear un atasco monumental. En estos casos citados, el sentido común del espacio y las habilidades con los objetos son aún más cruciales.

Los coches sin conductor «generalmente» tienen menos posibilidades de verse involucrados en accidentes que los conducidos por humanos, en la mayoría de escenarios de accidentes similares, pero los accidentes que involucran sistemas de conducción avanzados ocurren con más frecuencia que los accidentes de vehículos conducidos por humanos al amanecer y anochecer o al girar, con una probabilidad de 5,25 y 1,98 veces mayor, respectivamente. Es decir, un coche autónomo tiene el doble de posibilidades de tener un siniestro vial al hacer una maniobra tan básica como girar, que un vehículo conducido por una persona [www-72].

Estos fenómenos indicados ilustran lo que los ingenieros en robótica denominan un caso extremo, que consiste en una situación poco común, pero que pueden inducir a error a los algoritmos de los sistemas autónomos. Estos casos representan un verdadero reto para los desarrolladores de coches autónomos, que por el momento han mostrado la incapacidad de reaccionar de manera eficaz frente a situaciones imprevistas en la carretera. Su superación requiere una capacidad de juicio casi humana para poder evaluar el problema y procesar correctamente la información para resolverlo. Este tipo de habilidades están lejos de estar disponibles, por lo que no está claro cuán cerca está su desarrollo exitoso. En algún sitio he leído el siguiente comentario negativo: «Comparó la situación actual de la tecnología de coches autónomos seguros con el intento de enviar un cohete a la luna en 1910», frase que refleja la complejidad y los desafíos que aún se deben superar.

Quizás la conducción autónoma no sea la solución a nuestros problemas de tráfico. Tal vez haya que pensar en una conducción tecnológicamente asistida, que complemente al humano y que le ayude a no fallar. Al fin y al cabo, puede que la viabilidad técnica de vehículos tan complejos que rocen la inteligencia e intuición humana sea imposible en los marcos de movilidad urbana de nuestras ciudades. Lo que no quita para que entornos estrictamente controlados, como fábricas y almacenes, que pueden proporcionar un nivel relativamente alto de coherencia, se intente construir automóviles que puedan responder de manera flexible a nuevas situaciones sin supervisión humana [www-20]. Pero si tuvieran sentido común del espacio y de los objetos ampliaría enormemente los tipos y la gama de tareas disponibles para ellos.

Todo lo dicho no impide que Google, Amazon, Tesla… y ahora Bugatti sigan apostando por los robotaxis. Bugatti ha anunciado que lanzará en dos años (para 2026) al mercado un vehículo autónomo biplaza equipado sin volante, ni pedales y diseñado para el transporte urbano de pasajeros. A ese grupo se le va a unir el *startup*

Project 3 Mobility (P3), fundada por el grupo Rimac de Zagreb (Croacia), que ha redoblado su apuesta por el *carsharing* autónomo, con el nombre de Verne. Hablando de una manera optimista, ¡qué duda cabe! que con el paso del tiempo y por aproximaciones sucesivas veremos coches autónomos por las calles y las carreteras.

En otros ámbitos, hay algoritmos de reconocimiento facial que no reconocen las caras que tienen las personas nada más levantarse, y hoy por hoy no seríamos capaces de implementar una regla ficticia conocida como *primera ley de la robótica* de Isaac Asimov que aparece en algunas de sus novelas de ciencia ficción, que establece que «un robot no puede dañar a un ser humano ni, por inacción, permitirle que un ser humano sufra daño». El motivo es que la definición de daño se nos escapa. El problema es que las máquinas actuales no son capaces de realizar inferencias lógicas que les ayuden a comprender situaciones a las que no se han enfrentado en el pasado, como hacemos los humanos [www-03].

De cualquier modo, en enero de 2024, Google Deep-Mind presentó un conjunto de avances entre los que surge la Constitución del Robot, un grupo de normas que se supone van a ayudar a los robots a tomar decisiones rápidas, mejores y más seguras en un entorno real. Las reglas se aplican a los grandes modelos de lenguaje subyacentes de los robots auxiliares que se denominan AutoRT, que aprovecha modelos grandes de lenguaje (LLM) y visuales (VLM) y un modelo de control de robot (RT-1) o (RT-2) para recopilar datos de entrenamiento en formas novedosas con el objetivo de entrenar mejor a los robots. AutoRT cuenta con barandillas de seguridad, una de las cuales proporciona a su tomador de decisiones basado en LLM una Constitución del Robot: un conjunto de indicaciones centradas en la seguridad que debe seguir al seleccionar tareas para los robots. Estas reglas están inspiradas en parte en las Tres Leyes de la Robótica de Isaac Asimov: ante todo, que un robot «no puede dañar a un ser humano». Otras normas de seguridad exigen que ningún robot realice tareas en las que intervengan personas, animales, objetos punzantes o aparatos eléctricos. SARA-RT (Self-Adaptive Robust Attention for Robotics Transformer) permite convertir los modelos basados en Transformadores robóticos (basados en redes neuronales de tipo Transformer) en versiones más eficientes, ya que conforme aumenta el número de sensores del robot los recursos computacionales necesarios para procesar esa entrada aumentan cuadráticamente, y RT-Trajectory que ayudan a los robots a generalizar que se agrega automáticamente contornos visuales que describen los movimientos del robot en vídeos de entrenamiento. RT-Trajectory toma cada vídeo en un conjunto de datos de entrenamiento y lo superpone con un boceto de trayectoria 2D de la pinza del brazo robótico mientras realiza la tarea. Estas trayectorias, en forma de imágenes RGB, proporcionan sugerencias visuales prácticas de bajo nivel al modelo a medida que aprende sus políticas de control del robot. Para todo ello, véase [www-69] este tipo de trabajos que van asentando poco a poco las bases para los robots de próxima generación.

La razón de por qué ocurre todo lo que se ha indicado previamente, es que el mundo real es muy complicado, en su evolución pueden suceder muchas cosas sin guion y muy a menudo los seres humanos nos enfrentamos a escenarios que nunca antes habíamos encontrado, por lo que suelen resultar sorprendentes. Debido a que se pueden presentar infinitas circunstancias imprevistas los algoritmos son propensos a encontrar en algún momento lo que hemos denominado *casos extremos*. En pocas palabras, estos casos son todas aquellas cosas que pueden salirles mal en el mundo real, que nunca se esperan, y que se encuentran en las afueras de lo probable o lo anticipable. En tales situaciones, las mentes humanas pueden confiar en el sentido común para resolverlas, pero los sistemas inteligentes a menudo tropiezan. Para que puedan comportarse de manera inteligente ante situaciones inesperadas, estos sistemas deben ser capaces de recurrir a un conocimiento cada vez más general que les permita establecer analogías con otros conocimientos específicos pero inconexos. Sin un mecanismo de sentido común que dé sentido a lo que ven y les guíe en su toma de decisiones, en ciertas situaciones, están perdidos. La ausencia de sentido común se considera por el momento una barrera importante en el desarrollo de las aplicaciones de inteligencia artificial y de robótica actuales, y más cuando se piensa en los sistemas más generales, que se desean construir en el futuro.

Por todo ello, existe una rama de estudio conocida como *razonamiento de sentido común*, cuyo objetivo es conseguir que los programas informáticos desarrollen formas de razonar como las que realizan las personas de manera natural al enfrentarse a problemas en situaciones del mundo real.

Y si recuerdan, el sentido común nos puede conducir también a razonamientos erróneos, por ello, si nuestras máquinas lo aprenden observándonos, es posible que no siempre obtengan la mejor educación. Nosotros ofendemos a nuestros anfitriones, perdemos el paraguas, enviamos mensajes de texto mientras conducimos, postergamos a veces las cosas... Oren Etzioni [www-21], director ejecutivo del Instituto Allen de Inteligencia Artificial [www-22], en Seattle, dijo que el sentido común es «la materia oscura» de la inteligencia artificial: *«Da forma a gran parte de lo que hacemos y de lo que necesitamos hacer y, sin embargo, es inefable».*

ALGUNOS PROYECTOS FAMOSOS RELACIONADOS CON LA OBTENCIÓN DEL SENTIDO COMÚN EN MÁQUINAS

Imagen creada mediante inteligencia artificial,
utilizando Microsoft Bing, Copilot Designer, con tecnología de Dall-E 3

- 1959. Uno de los padres fundadores de la inteligencia artificial, John McCarthy, fue de los primeros en darse cuenta de su importancia. En 1959 publicó un primer documento en el que proponía el programa hipotético (Advice Taker) para implementar el razonamiento fundamentado en el sentido común. El documento consistía únicamente en una especificación que detallaba lo que debería ser capaz de hacer un programa con sentido común [www-01].

- 1970. Herbert Simon con Dorothea Simon intentaron resolver este problema al principio de los setenta, propusieron una solución parcial y posteriormente junto con sus doctorandos lucharon por encontrar la solución completa, pero no lo consiguieron. De todos los problemas planteados, el que resultó más esquivo fue «comprender el significado de una frase» en ausencia del conocimiento de sentido común.

- 1984. Los siguientes investigadores siguieron la ruta de las instrucciones explícitas. El primero en 1984 fue un científico informático llamado Doug Lenat, líder y fundador del proyecto CYC [B-01]. Según Lenat, «El motivo que ha inspirado CYC es que la primera generación de sistemas expertos carece de sentido común y por ello son tan 'frágiles'». Se trata de un proyecto muy ambicioso de inteligencia artificial cuyo objetivo es compilar una gran base de conocimiento ontológica con conceptos básicos de sentido común. Según la página web del proyecto [www-02], CYC está compuesta por axiomas del mundo real que CYC utiliza para razonar sobre el mundo y entender sus datos. La base de conocimiento de CYC comprende más de 10 000 predicados, millones de colecciones y conceptos y más de 25 millones de aserciones Es un proyecto que lleva muchos años en marcha y cuenta con una amplia base de clientes comerciales. Su nombre, derivado de ENCYCLOPAEDIA, hace referencia al volumen de conocimientos del mundo real que se ha propuesto recopilar. El proyecto original estaba ubicado en la sede de Microelectronics and Computer Tecnology Corporation (MCC) en Austin (Texas) [B-01]. El desarrollo del proyecto ha exigido una cantidad ingente de trabajo manual, con la colaboración de un amplio equipo de expertos, además de una inversión que, según algunos cálculos, supera ya los 200 millones de dólares.

- 1999. Open Mind Common Sense (OMCS) es un proyecto de inteligencia artificial basado en el Media Lab del Instituto Tecnológico de Massachusetts (MIT). El proyecto fue una creación de Marvin Minsky, Push Singh, Catherine Havasi y otros. Su objetivo era construir y utilizar una gran base de conocimientos de sentido común a partir de las contribuciones de personas en la web. Desde su fundación, ha acumulado más de un millón de datos en inglés de más de 15 000 colaboradores, además de bases de conocimientos en otros idiomas. Ha estado activo desde 1999 hasta 2016. ConceptNet es su base de conocimiento de sentido común y herramientas de procesamiento de lenguaje natural, diseñada para ayudar a los ordenadores a entender los significados de las palabras que utiliza la gente. Y para ello recurre a lo que denomina «redes semánticas», un medio de representar el conocimiento. Esta base de conocimientos de redes semánticas consta de más de 1,6 millones de aserciones de sentido común, relativas a diferentes dimensiones físicas, espaciales, sociales y psicológicas de nuestro día a día. Esta base de conocimientos ha sido utilizada con éxito en Chatbots y en algunas aplicaciones de apoyo al uso de lenguaje natural [www-01].

Los proyectos como Cyc y ConceptNet que han intentado compilar grandes bases de datos de hechos de sentido común, aún están lejos de capturar la totalidad del conocimiento humano. Y además escalan muy mal. Pero su influencia vuelve a ir en aumento [B-07].

- 2010. El sistema Never-Ending Language Learning (NELL) es un sistema semántico de aprendizaje automático que desde 2010 empezó su desarrollo por un equipo de investigación de la Universidad Carnegie Mellon y es respaldado por subvenciones de DARPA, Google, NSF y CNPq con partes del sistema en ejecución, en un clúster de super-computación proporcionado por Yahoo. El proyecto consiste en enseñar a un ordenador a adquirir conocimientos de sentido común leyendo en Internet. NELL fue programado por sus desarrolladores para poder identificar un conjunto básico de relaciones semánticas fundamentales entre unos cientos de categorías de datos predefinidas, como ciudades, empresas, emociones y equipos deportivos. Desde principios de 2010, el equipo de investigación de Carnegie Mellon ha estado ejecutando NELL las 24 horas del día, examinando cientos de millones de páginas web en busca de conexiones entre la información que ya conoce y lo que encuentra a través de su proceso de búsqueda, para establecer nuevas conexiones en una manera que pretende imitar la forma en que los humanos aprenden nueva información. El sistema informa de los conceptos que va aprendiendo a través de su página web. NELL todavía tiene el inconveniente de que su enfoque se mantuvo demasiado basado en descripciones del lenguaje objeto, y se basó en páginas web como única fuente, lo que influyó significativamente en el tipo de gramática, simbolismo, jerga, etc., analizados.

- 2014. La prueba de esquemas de Winograd (en inglés: Winograd Schema Test; abreviado como WSC), también Test de esquemas de Winograd, es una prueba de inteligencia artificial propuesta por Hector Levesque, científico computacional de la Universidad de Toronto. Esta prueba fue diseñada como una mejora al Test de *Turing* y consiste en un cuestionario de preguntas con múltiples respuestas provenientes de los esquemas ideados por Terry Winograd, también científico computacional, de la Universidad de Stanford. Las preguntas pretenden ser trivialmente fáciles para los humanos, pero difíciles para las computadoras, y giran en torno a ambigüedades lingüísticas.

- 2019. Otra aportación sobre el tema llega a través de un *paper* firmado por Google DeepMind, IBM y el MIT, en el que se describe un programa informático, creado en el Center for Brains, Minds, and Machines, bautizado como Neuro-Symbolic Concept Learner (NS-CL) o aprendiz de conceptos neurosimbólicos. Este sistema aprende sobre el mundo como lo hace un bebé, mirando a su alrededor y hablando. El conjunto emula el sistema humano de aprendizaje. El módulo de percepción aprende conceptos visuales basados en la descripción del objeto en cuestión. Los conceptos visuales aprendidos facilitan el aprendizaje de nuevas palabras y el análisis gramatical de frases.

- 2019. El Defense Advanced Research Projects Agency (DARPA), según la propia agencia de investigación del departamento de defensa de los EE. UU., también ha identificado la falta de sentido común como un asunto importante. Por eso, lanzó el proyecto llamado *Machine Common Sense Program*. Según la propia agencia, «la falta de sentido común impide a los sistemas inteligentes entender su mundo, comportarse de manera razonable ante situaciones inesperadas, comunicarse de manera natural con las personas y aprender de nuevas experiencias. Su ausencia se considera la barrera más importante que separa el enfoque limitado de las aplicaciones de inteligencia artificial actuales con los sistemas de inteligencia general [B-03], similares a los humanos, que se espera desarrollar en el futuro» [www-01]. «El proyecto de DARPA sigue una estrategia doble. Por un lado, desarrollar modelos computacionales capaces de aprender de la experiencia, y que imiten los dominios básicos del conocimiento, tal y como son definidos por la psicología del desarrollo. Esto incluye el dominio de los objetos (física intuitiva), lugares (navegación espacial) y agentes (actores intencionales). Y por otro desarrollar un servicio capaz de aprender a partir de la información disponible en Internet, como un investigador de biblioteca, para construir un repositorio de conocimientos de sentido común construir un repositorio sobre el sentido común, que sea capaz de responder preguntas en lenguaje natural basadas en imágenes sobre fenómenos relacionados con el razonamiento cotidiano» [www-03].

- Uno de los proyectos desarrollados bajo su convocatoria es el siguiente:

  — 2019. El proyecto Multi-modal Open World Grounded Learning and Inference (MOWGLI) de la University of Southern California se realiza en colaboración con las universidades de Stanford, California Irvine, Rensselaer Polytechnic Institute, Massachusetts Institute of Technology, tiene como objetivo principal desarrollar sistemas de inteligencia artificial que puedan comprender y razonar con sentido común sobre el mundo que les rodea. Su enfoque combina gráficos de conocimiento (KG) y modelos de lenguaje de formas novedosas para aprovechar el conocimiento detallado contenido en los gráficos de conocimiento y la solidez de los modelos de lenguaje. Con ese fin, han creado el primer gráfico de conocimiento de sentido común (CSKG) de su tipo que integra los KG de sentido común existentes, como ConceptNet y Atomic, recursos léxicos como Wordnet, Roget y FrameNet/VerbNet, KG factuales como Wikidata y otros recursos como VisualGenoma. Están investigando algoritmos de razonamiento que utilizan modelos de lenguaje y aprendizaje profundo para razonar sobre el CSKG y producir respuestas explicables a preguntas de sentido común. Estamos colaborando con Jure Leskovec en Stanford, Sameer Singh en la UCI, Deborah McGuinness en RPI y Henry Lieberman en MIT.

- El Instituto Allen para la IA (abreviado AI2) es un instituto de investigación sin fines de lucro fundado por el difunto cofundador y filántropo de Microsoft Paul Allen en 2014.

— 2016. En el mismo instituto, los investigadores han creado un hogar digital tridimensional llamado THOR, que significa «la casa de las interacciones». Parece un videojuego y está lleno de objetos domésticos manipulables. Está inspirado en lo que podríamos llamar «sentido del bebé», para analizar las habilidades básicas de navegación, manipulación de objetos y cognición social que un niño pequeño podría utilizar.

— 2018. El proyecto MOSAIC se centra en definir y construir conocimiento de sentido común y razonamiento para sistemas de inteligencia artificial. El sentido común es un elemento fundamental en la comunicación entre humanos y, según los investigadores, también debería serlo entre humanos y robots.

— 2018. «Para alcanzar este objetivo, un equipo del AI2 ha decidido utilizar las ideas de Pictionary para enseñarle a un sistema de inteligencia artificial denominado *AllenAI*, a desarrollar el sentido común. El popular juego de mesa consiste en adivinar una palabra a través de un dibujo hecho en papel. Los investigadores han desarrollado una versión *online*, Iconary, para jugar contra la máquina, a la que a veces toca adivinar el dibujo, y otras dibujar, para que los jugadores humanos adivinen un concepto tras la imagen. El líder del proyecto, Ali Farhadi, defiende que para jugar al Pictionary es necesario utilizar mucho razonamiento sofisticado, y que

este juego, de hecho, enseña sentido común»
[www-03].

- IBM y la inteligencia artificial neurosimbólica.

— Las carencias que presenta en la actualidad el aprendizaje profundo de las redes neuronales podrían ser salvadas gracias a la denominada *inteligencia artificial simbólica* o *inteligencia artificial basada en la lógica,* una aproximación clásica a la inteligencia artificial que hoy en día ha sido desplazada a un segundo plano.

La oleada actual de inteligencia artificial en la que nos vemos inmersos está basada en el aprendizaje automático *(machine learning)* y el aprendizaje profundo *(deep learning)* o redes neuronales, y hace uso del *big data,* es decir, se nutre de inmensas cantidades de información para poder construir modelos [www-03].

Por otra parte, la inteligencia artificial simbólica se centra en la manipulación y el procesado de símbolos que representan objetos, ideas del mundo y conceptos que se relacionan, en vez de grandes cantidades de datos numéricos. La principal aproximación de esta rama es el uso de programación basada en la lógica, en la que las normas y los axiomas son utilizados para realizar inferencias y deducciones.

Mientras que la inteligencia artificial simbólica es más adecuada para trabajar en entornos de conocimiento bien definido y estructurado, el aprendizaje automático es más útil cuando existen grandes volúmenes de datos y patrones complejos.

Esta tercera vía de innovación está siendo explorada por IBM, desde 2011, a través de lo que denomina *inteligencia artificial neurosimbólica,* un planteamiento experimental que combina el uso de redes neuronales convolucionales dedicadas a la clasificación de imágenes con la capacidad de establecer relaciones entre elementos simbólicos, como secuencias de palabras, de forma que el sistema aprende de sus errores de una forma mucho más rápida que mediante el entrenamiento clásico de una red neuronal. La tesis que se defiende es que la inteligencia artificial actual basada en el aprendizaje automático y el aprendizaje profundo solamente podrá seguir evolucionando si se combina con el enfoque simbólico, en la forma de una inteligencia artificial «híbrida» [www-07] [www-08] [www-09] [www-26] [B-08] [B-09] [B-11] [B-30].

Imagen creada mediante inteligencia artificial,
utilizando Microsoft Bing, Copilot Designer, con tecnología de Dall-E 3

Como acabamos de plantear, los sistemas inteligentes actuales parecen carecer de sentido común, ¿podrían ser los modelos del mundo la respuesta?

La teoría de la cognición corpórea sostiene que la comprensión está profundamente arraigada en nuestras experiencias físicas y emociones, una dimensión ausente en los modelos actuales de los sistemas inteligentes. Las etapas del desarrollo cognitivo de Jean Piaget [B-06] ilustran cómo los humanos mejoran sus capacidades cognitivas y su razonamiento abstracto a través de interacciones directas con su entorno. Si los sistemas inteligentes carecen de un aprendizaje basado en los sentidos, tendrán dificultades para comprender conceptos que los humanos entendemos a través de experiencias corporales e interactuando con el mundo.

Los modelos del mundo son modelos causales internos de un entorno formados dentro de redes neuronales que se pueden utilizar para simular eventos futuros dentro de ese entorno. Tradicionalmente vinculados con el aprendizaje por refuerzo, estos modelos se entrenan explícitamente para desarrollar una representación espacial y temporal comprimida del entorno de entrenamiento, mejorando el desempeño de las tareas posteriores y la eficiencia de las muestras a través del entrenamiento [B-23].

Yann LeCun [www-32], el máximo responsable de la inteligencia artificial en Meta [www-33], explica en el *podcast* [www-05] que los grandes modelos de lenguaje (LLM) jamás serán capaces de alcanzar el nivel de la inteligencia humana a la hora de planificar y razonar. El problema es que los LLM son entrenados con cantidades masivas de datos, pero sus respuestas están limitadas por la propia naturaleza de esos datos. Si son precisos y correctos, las respuestas lo serán también, pero estamos viendo cómo esos conjuntos de datos incluyen tanto datos válidos como otros que no lo son, lo que producen imprecisiones, falsedades e incluso los efectos alucinatorios. De hecho, los LLM solo manifiestan realmente lo que es probable y lo que es plausible desde un punto de vista lingüístico.

En el mismo *podcast* [www-05], Yann LeCun comenta, «Si les pido que imaginen cómo verán este libro si lo giro 90 grados, el tipo de pensamiento necesario que va a realizar cada uno de ustedes, no tiene absolutamente nada que ver con el lenguaje. Claramente, hay un nivel de representación más abstracto con el que generamos la mayor parte de nuestro pensamiento, es decir, imaginamos mediante modelos mentales de la cosa [B-06]. Así que ahora lo que tiene cada uno de ustedes es un modelo interno que dice, aquí está mi idea del estado del mundo en el tiempo T. Aquí hay una predicción del estado del mundo en el tiempo T+1, T+2... y ahora si queremos expresar mediante palabras pronunciadas lo que hemos hecho, vamos a tener que planificar lo que vamos a decir, es decir, planificamos siempre nuestra respuesta sea del tipo que sea antes de que la produzcamos. Esa capacidad abstracta del cerebro humano la ha desarrollado a lo largo de millones de años generando una estructura para aprender un modelo del mundo capaz de construir una representación interna de un entorno y de utilizarlo para simular eventos futuros dentro de ese entorno». «Básicamente, el cerebro planifica una acción, predice cómo cambiará el entorno y luego observa las respuestas sensoriales y las compara con la predicción. Cuando las respuestas sensoriales son las predichas, se confirma el modelo del mundo. Y cuando las predicciones del cerebro no se confirman, nuestra atención se dirige al área de la predicción errónea y se actualiza el modelo del mundo» [www-06]. Si se consigue un buen modelo interno del mundo, con capacidad de predicción, suele ser muy eficaz para adaptarse y elaborar planes de manera eficiente a la hora de completar tareas complejas o alcanzar un objetivo particular.

Por todo lo dicho hasta ahora, la noción de *sentido común* en los seres humanos puede considerarse como una manifestación de tener un modelo del mundo sólido. El sentido común nos dice qué es probable, qué es plausible y qué es imposible en el mundo que habitamos.

Ahora es el momento en el que deberíamos preguntarnos ¿qué se requiere para aprenderlos? La respuesta es sencilla, aunque su implementación puede ser muy laboriosa. Fijémonos en nosotros mismos y veamos como interactuamos con el mundo. A un nivel alto, un sistema con esas características necesitaría [www-06]:

- Una arquitectura y un algoritmo de aprendizaje adecuados.
- Sensores a través de los cuales pueda percibir el mundo.
- Un cuerpo a través del cual el sistema puede interactuar con el mundo (real o virtual).
- Impulsos y motivaciones apropiados para explorar activamente el mundo y aprender un modelo del mundo.

El objetivo de los modelos del mundo para sistemas de inteligencia artificial y de robótica, será representar y simular una amplia gama de situaciones e interacciones, como las que se encuentran en el mundo real, intentando describir el comportamiento futuro del sistema a partir de las entradas actuales y luego calculando las acciones óptimas para lograr los objetivos deseados[B-04]. En teoría, sí es posible construir un modelo del mundo utilizando los modelos de control predictivos (MPC), las redes neuronales (RN) y el aprendizaje por refuerzo (RL) que son tres áreas de los sistemas inteligentes que aportan sus propias fortalezas, lo que las convierte en una combinación poderosa para abordar problemas complejos en una amplia gama de aplicaciones:

- Los modelos de control predictivo (MPC) son una técnica de control que utiliza un modelo del sistema a controlar para predecir su comportamiento futuro y luego ajusta las acciones de control según estas predicciones. El objetivo del MPC es optimizar el rendimiento del sistema, minimizando el error entre la salida deseada y la salida real.

- Las redes neuronales artificiales (RN) son modelos computacionales inspirados en el cerebro humano. Están formadas por capas de neuronas artificiales interconectadas, que pueden aprender a identificar patrones y relaciones complejas a partir de datos. En el contexto del modelado del mundo, las RN se pueden utilizar para describir e interrogar la dinámica del sistema.

- El aprendizaje por refuerzo (RL) es un enfoque de aprendizaje automático en el que los agentes aprenden a tomar decisiones óptimas a través de la interacción con su entorno. Los agentes reciben recompensas o penalizaciones en función de sus acciones, y aprenden a maximizar su recompensa a largo plazo. El RL es particularmente útil para problemas donde un modelo preciso del sistema no está disponible o es difícil de obtener.

La investigación en modelos de mundos se ha centrado hasta ahora en entornos muy limitados y controlados, ya sea en mundos simulados con juguetes, como los de los videojuegos, o robots en contextos reducidos y muy especializados, o para la conducción en entornos controlados.

Teóricamente, los sistemas MPC-RN-RL ofrecen varias ventajas: flexibilidad, capacidad de aprendizaje continuo, robustez a perturbaciones, adaptabilidad a entornos inciertos, control preciso y proactivo, manejo de restricciones, optimización de objetivos múltiples…

Las técnicas MPC-RN-RL se han aplicado parcial o totalmente de forma útil en una variedad de aplicaciones, incluyendo: robótica, control de procesos, optimización de la producción y distribución de energía, estrategias de inversión y gestión de riesgos en mercados financieros, procesos industriales, automoción, atención médica, juegos, control de la temperatura, la iluminación y la ventilación de edificios…

Sin embargo, existen algunos desafíos que todavía deben abordarse:

- Complejidad computacional, ya que los algoritmos pueden ser intensivos, en cálculo y almacenamiento, especialmente para sistemas complejos.
- Interpretabilidad: Comprender las decisiones tomadas por sistemas que combinan estas técnicas puede ser difícil, lo que dificulta la depuración y el análisis del sistema.
- Validación y seguridad: Es crucial garantizar la seguridad y confiabilidad de estos sistemas en entornos críticos, como en la robótica o en la atención médica.
- Sesgo: Las redes neuronales pueden ser sesgadas si no se entrenan con datos cuidadosamente seleccionados. Esto puede llevar a un rendimiento deficiente del sistema.

En resumen, si bien la construcción de un modelo del mundo completo utilizando MPC-RN-RL es posible, existen desafíos importantes que deben abordarse antes de que esto se convierta en una realidad útil en entornos complejos. A pesar de estos desafíos, la investigación en el uso de este tipo de sistemas está en curso y representa una frontera emocionante en la investigación de inteligencia artificial y de robótica con el potencial de revolucionar la forma en que controlamos y optimizamos sistemas complejos diseñados para el mundo real.

Por último, sería deseable que esos sistemas, al igual que el ser humano, fueran capaces de razonar acerca de su propio conocimiento, incluyendo la historia y procedencia de cada hecho o regla del mismo, y, de esta forma, poseer un modelo realista y preciso de lo que sabe y no sabe, y de su grado de habilidad en las distintas tareas.

Ahora bien, por mor de completitud de las ideas que pueden encontrarse en relación con los modelos del mundo. Una perspectiva crítica que a menudo surge en las discusiones sobre los LLM es su caracterización como loros estocásticos [B-24]. Esta etiqueta surge de su mecanismo operativo fundamental de predecir la siguiente palabra en una secuencia, supuestamente dependiendo en gran medida del aprendizaje recibido. Desde este punto de vista, se considera que los LLM forman correlaciones complejas basadas en datos de observación, pero se cree que carecen de la capacidad de desarrollar modelos causales del mundo. Esta limitación se atribuye a su falta de acceso a datos de intervención [B-25].

Esta comprensión de los LLM cambia significativamente cuando se ve a través de la lente del marco de inferencia activa [B-26], una teoría arraigada en la ciencia cognitiva y la neurociencia. La inferencia activa postula que el objetivo de minimizar el error de predicción, dada una capacidad representativa suficiente, es adecuado para que un sistema de aprendizaje desarrolle representaciones, comportamientos y abstracciones del mundo complejos. Dado que el lenguaje refleja inherentemente el mundo, estos modelos podrían construir implícitamente modelos lingüísticos y del mundo más amplios. Esta perspectiva presupone que los LLM, en su búsqueda de mejores secuencias de modelado, aprenden inherentemente modelos mundiales, abstracciones y algoritmos para este propósito [B-27].

Esta comprensión alternativa de los LLM se alinea con la hipótesis de la simulación, que sugiere que los modelos diseñados para la predicción, como los LLM, eventualmente simularán los procesos causales subyacentes a la creación de datos. Esta hipótesis implica que modelos adecuadamente entrenados como GPT podrían desarrollar modelos del mundo interno como resultado natural de su entrenamiento predictivo [B-28]. Lo que nos desafía a reconsiderar las capacidades de los LLM y las trayectorias futuras en el panorama más amplio del desarrollo de los sistemas inteligentes.

ALGUNOS PROYECTOS RELACIONADOS CON LA OBTENCIÓN DE MODELOS DEL MUNDO EN MÁQUINAS

*Imagen creada mediante inteligencia artificial,
utilizando Microsoft Bing, Copilot Designer, con tecnología de Dall-E 3*

Veamos de nuevo algún ejemplo sorprendente.
https://www.youtube.com/watch?v=jfqXkY7ZLJ0
https://www.youtube.com/watch?v=xAXvfVTgqr0&t=7s

El equipo dirigido por Pieter Abbeel, profesor de Ingeniería Eléctrica y Ciencias Informáticas, adoptó otro enfoque para ayudar a un robot de cuatro patas a aprender a caminar por sí solo. Como se ha mostrado en este vídeo, el robot comienza boca arriba y luego aprende a darse la vuelta, ponerse de pie y caminar en solo una hora de entrenamiento en el mundo real. El robot también demostró que podía adaptarse. En 10 minutos, aprendió a resistir los empujones o a darse la vuelta rápidamente y volver a ponerse de pie.

Abbeel y sus investigadores emplearon un algoritmo RL llamado Dreamer que utiliza un modelo de mundo aprendido. Este modelo se construye con datos recopilados de las interacciones continuas del robot con el mundo. Luego, los investigadores entrenaron al robot dentro de este modelo del mundo, y el robot lo usó para imaginar resultados potenciales, un proceso que llaman «entrenamiento en la imaginación».

En el artículo [B-31] Abbeel y su equipo analizaron cómo el algoritmo y el modelo mundial de Dreamer podrían permitir un aprendizaje más rápido en robots físicos en el mundo real, sin simuladores ni demostraciones.

Otras publicaciones análogas sobre aprendizaje por refuerzo de otros grupos de investigación son: [B-32], [B-33] y [B-34].

Imagen creada mediante inteligencia artificial,
utilizando Microsoft Bing, Copilot Designer, con tecnología de Dall-E 3

Antes de llegar al apartado de conclusiones, hablemos de dos temas asociados a todo lo que se ha dicho. El primer tema está relacionado con los modelos de sistemas inteligentes de vanguardia, en lo que hace referencia a lo que se denomina *interpretabilidad*, y el segundo tema es que no tenemos idea de cómo entrenar estos modelos para que sean seguros, lo que se denomina *alineación*.

En relación con el primero, la cooperación entre algoritmos y humanos depende de la confianza. Si los humanos van a aceptar prescripciones algorítmicas, necesitan confiar en ellas. Por esa razón, la interpretabilidad se postula como un elemento previo de trabajo. Aunque tenemos una gran intuición sobre cómo aprenden las redes neuronales, los modelos que crecen hasta convertirse en arquitecturas con miles de millones de parámetros siguen siendo una completa caja negra, hasta el punto de que nos topamos con un extraño enigma: sabemos que funcionan, pero no sabemos por qué y, peor aún, no sabemos cómo aprenden. Por ejemplo, el programa Explainable AI (XAI) DARPA [www-58], tiene como objetivo crear un conjunto de técnicas de aprendizaje automático que sean capaces de:

- Producir modelos más explicables, manteniendo al mismo tiempo un alto nivel de rendimiento del aprendizaje (precisión de la predicción).
- Permitir que los usuarios humanos comprendan, confíen adecuadamente y gestionen eficazmente la aparición emergente de socios con inteligencia artificial.

Algunos de sus resultados pueden encontrarse en [www-59].

Tal y como se plantea en [www-25], en esencia, los modelos de inteligencia artificial generativa son compresores de datos, debido a que los datos de entrenamiento utilizados son tres o cuatro órdenes de magnitud (al menos x100) más grandes que el modelo. Como el modelo es más pequeño, este se ve obligado a absorber solo los patrones clave en los datos de entrenamiento. Lo que implica que las neuronas, que son las unidades más pequeñas de compresión y almacenamiento de información, son polisemánticas. Es decir, cada neurona adquiere conocimientos sobre una amplia gama de temas semánticamente no relacionados. Y aquí reside el problema. Si las neuronas fueran monosemánticas, descubrir el conocimiento del LLM y cómo genera ese conocimiento sería simple, sin embargo, el hecho de que sean polisemánticas hace que sea absolutamente imposible individualizar cada neurona para descubrir «lo que saben» y, por tanto, mapear el conocimiento de toda la red.

Una de las últimas aportaciones a este tema ha venido dada por Anthropic [www-24], a partir de lo que se conoce como interpretabilidad mecanicista que pretende analizar cómo se combinan las neuronas ocultas de una red neuronal e intenta aplicar ingeniería inversa a los mecanismos computacionales y las representaciones aprendidas por las redes neuronales para convertirlos en algoritmos y conceptos comprensibles (pseudocódigos) para los humanos y proporcionar una comprensión causal granular [B-17]. Este enfoque de ingeniería inversa se basa en campos interdisciplinarios como la física, la neurociencia y la biología de sistemas para guiar el desarrollo de sistemas de inteligencia artificial transparentes y alineados con valores.

Afortunadamente, el 21 de mayo de 2024, Anthropic confirmó un gran descubrimiento [B-18], previamente intuido en octubre de 2023 que afirmaba que, si bien las neuronas son inequívocamente polisemánticas, ciertas combinaciones de ellas son monosemánticas. Es decir, las mismas neuronas se activan juntas cuando el modelo generó texto sobre un tema en particular. En otras palabras, encontraron un mapa entre conceptos del mundo multimodales y multilingües y determinadas combinaciones de neuronas. ¿Por qué importa todo esto? Sencillo, porque sabiendo cómo se combinan las neuronas para generar datos relacionados con un tema específico, podemos predecir su comportamiento… O, fundamentalmente, dirigirlo, controlarlo y evitar que se vuelvan rebeldes. Con todo lo bueno y lo malo que ello conlleva.

Esta falta de interpretabilidad nos hace incapaces de predecir y controlar el comportamiento de la inteligencia artificial, particularmente en aplicaciones complejas o críticas. Algo similar ocurre con el cerebro humano. Es decir, no sabemos qué hace nuestro cerebro cuando resolvemos problemas complejos o percibimos experiencias sensoriales. Nuestro cerebro también comete errores, manipula nuestros recuerdos y es propenso a sesgos cognitivos. Entonces, ¿cómo se supone que debemos controlar y regular algo que no podemos interpretar por completo?

En relación con el segundo tema, todos tenemos claro que la innovación científica y tecnológica genera nueva innovación científica y tecnológica. Pero eso no quiere decir que todo vaya siempre sobre ruedas. Recordemos que las redes sociales tuvieron un uso insignificante hasta 2008, pero en solo cuatro años pasamos de unos pocos millones de usuarios a mil millones, su interés para los usuarios es evidente, pero ese crecimiento sin control también ha generado acoso cibernético, problemas de autoestima y de imagen corporal, depresión y propagación a gran escala de desinformación. Se puede afirmar que el crecimiento ha sido tan rápido que nos ha impedido darnos cuenta de sus riesgos e impacto negativo lo que nos ha impedido tomar medidas preventivas equilibradas.

A diferencia de las tecnologías anteriores que tardaron años o décadas en adoptarse, la adopción de los sistemas inteligentes se está adoptando mucho más rápido casi sin acabar de entenderlos. Si echamos la vista atrás a la Revolución Industrial, nos movimos con rapidez y destruimos cosas en nombre de la innovación. Explotamos minas, deforestamos montañas y contaminamos el aire y el agua. Sabemos que los automóviles matan a muchas personas cada año, pero creemos que los beneficios superan a los riesgos; eso se debe a que podemos medir los beneficios y los riesgos. Nuestra comprensión de los automóviles y sus riesgos aumentó en línea con su adopción. Actualmente, los sistemas inteligentes van más rápidos y son menos conocidos. Teniendo en cuenta además que cuando surgen empresas tremendamente rentables pueden capturar la política y presionar contra el intento de legislar, como hemos visto con el complejo militar-industrial, el tabaco, el petróleo y las grandes tecnológicas.

¿Cuánta degradación social es aceptable, o incluso deseable, para el progreso? El tema que está relacionado con la seguridad viene de antiguo, desde la década de 1950, los investigadores de la inteligencia artificial han tratado de construir sistemas avanzados que puedan lograr objetivos prediciendo los resultados de sus propias acciones y haciendo planes a largo plazo. Ya en 1960, Norbert Wiener [www-23], pionero de la inteligencia artificial, articuló el problema de la alineación del comportamiento de sistemas artificiales con los valores humanos del modo siguiente: «Si para lograr nuestros propósitos usamos un medio mecánico en cuyo funcionamiento no podemos interferir de manera efectiva [...] será mejor que estemos muy seguros de que el propósito puesto en la máquina es el propósito que realmente deseamos» [B-15]. Esta afirmación sigue siendo válida hoy en día, ya que a medida que los sistemas de inteligencia artificial se vuelven cada vez más sofisticados y generales [B-16], mejorar nuestra comprensión de estos sistemas es crucial para garantizar su alineación con los valores humanos y evitar resultados inesperados o incluso catastróficos.

Irónicamente, no existe un conjunto universalmente aceptable de objetivos, valores o ética humanos. Por el contrario, la humanidad tiene una larga historia de conflictos, violencia, desacuerdos, malentendidos, crisis y guerras, estando la humanidad dividida por muchas diferencias culturales, religiosas, políticas y personales. Pero nos preocupa la alineación de los sistemas inteligentes. En última instancia, la dificultad del problema de alineación de cualquier sistema de inteligencia artificial radica en identificar y especificar toda la gama de conductas deseadas o no deseadas. A medida que los sistemas inteligentes se vuelven más avanzados y complejos, debemos enfrentar el desafío de interpretar su comportamiento, definir la ética y los valores que deseamos, y en última instancia, necesitamos comprender nuestra propia inteligencia y conciencia.

En la lucha por la alineación surge uno de los lados oscuros que está relacionado con el entrenamiento de los sistemas inteligentes, ya que por el momento la mente humana sigue siendo irremplazable para determinar si un contenido utilizado es aceptable o no para alimentarlos. El discurso del odio, las imágenes de violencia de cualquier tipo…, deben ser eliminadas para evitar crear monstruos. Para hacer ese trabajo las empresas han hecho uso de personas, en especial de África, que se exponen a avalanchas de mensajes, imágenes y vídeos aberrantes, con las consecuencias psíquicas que ello conlleva.

Aspectos que las empresas no publicitan. La participación de los humanos permite generar sistemas más útiles y confiables, pero debido a los altos costos que conlleva esa participación, siguen siendo un factor limitante en el desarrollo de estos sistemas.

Por último, de los muchos temas relacionados con ese ámbito y por su relación con los sistemas basados en refuerzo y modelos del mundo, nos vamos a centrar en este momento en lo que se denomina *la búsqueda de poder*. En el ámbito de la seguridad de la inteligencia artificial y de la robótica hay una nueva línea de investigación que explora cómo los sistemas modernos tienden a resolver problemas, y algunos investigadores se preguntan si deberíamos esperar que versiones más avanzadas de ellos, es decir, los que en el futuro pudieran hacer planes a largo plazo sobre sus objetivos, no buscarían de manera predeterminada el poder de actuación sobre su entorno, incluso sobre los humanos, impidiendo ser apagados al ejecutar copias adicionales del sistema en otras computadoras, adquiriendo cada vez más recursos, incluso financieros, tratando de proteger y aumentar su influencia sobre su entorno, incluso realizando comportamientos peligrosos. Este comportamiento de búsqueda de poder no está programado explícitamente, pero podría surgir porque el poder es fundamental para lograr una amplia gama de objetivos [B-19], [B-20], [B-21] y [B-22].

Afortunadamente, los sistemas actuales todavía carecen de capacidades como la planificación a largo plazo y la conciencia estratégica, las cuales, según se cree, entrañarían los riesgos más catastróficos.

.

CONCLUSIONES

*Imagen creada mediante inteligencia artificial,
utilizando Microsoft Bing, Copilot Designer, con tecnología de Dall-E 3*

En este texto, hemos cubierto mucho en un corto espacio de tiempo y sin duda hemos planteado más preguntas que respuestas. Lo que esperaba transmitir en esta presentación es que, para lograr sistemas inteligentes que puedan funcionar con soltura en el mundo real, es más que probable que necesitemos desarrollar sistemas que sean capaces de adquirir sentido común y aprender modelos del mundo de manera muy similar a como lo hacen los sistemas biológicos generalmente inteligentes.

Esto no quiere decir que los sistemas inteligentes actuales no sean útiles. Ciertamente son útiles, interesantes y podemos construir un ecosistema completo de aplicaciones a su alrededor. Pero para hacer realidad ese potencial, se requiere un replanteamiento fundamental de las organizaciones, las industrias, las economías y las instituciones sociales, así como importantes inversiones complementarias, como el rediseño de los procesos, nuevos productos, aplicaciones y modelos de negocios innovadores y la recalificación de la fuerza laboral, todo lo cual llevará un tiempo considerable. Sin olvidar que la automatización y la productividad han quedado significativamente rezagadas en sectores como la atención médica que combina el apoyo emocional con diagnósticos y prescripciones, la educación que requiere motivación e interacción social, el gobierno y el transporte que hacen un uso intensivo de mano de obra.

Ahora bien, como paso hacia la inteligencia a nivel humano, a lo que hay le faltan componentes esenciales como: la capacidad para comprender el mundo físico y desarrollar un comportamiento razonablemente en un entorno impredecible. Recordar y recuperar cosas, mediante el uso de la memoria persistente. Razonar y planificar. A las que habría que añadir siguiendo a [B-29]: explicación, deducción, inducción, analogía, razonamiento abductivo, teoría de la mente, intencionalidad, anulabilidad, capacidad de asimilar nueva información y revisar y reconsiderar conclusiones a las que haya llegado en el pasado, utilización de argumentos a favor y en contra a la hora de tomar decisiones, contexto común, meta conocimiento y meta razonamiento, ética explícita, velocidad de respuesta suficiente, comportamiento suficientemente lingual y corpóreo.

Y no hay que olvidar en todo ello la necesidad de intentar alinear los sistemas de inteligencia artificial para que actúen teniendo en cuenta las preferencias, los valores y los objetivos humanos, que no es un problema fácil de resolver porque los valores humanos pueden ser complejos y difíciles de especificar completamente. Y llegados aquí se abre un nuevo frente, ¿quién define las políticas a seguir por esos sistemas? Dado que el verdadero progreso casi nunca se consigue mediante referéndum, la gobernanza suele consistir en negociaciones informadas entre un número limitado de negociadores expertos, con el apoyo de un número mayor, aunque también limitado, de conocedores de la materia. Y teniendo en cuenta el comportamiento humano que se desarrolla en sociedades diferentes, la búsqueda de las posibles soluciones se prevé un nuevo desafío.

Por todo ello, los sistemas inteligentes del futuro deberán enfrentarse con los siguientes problemas [www-27]: la dificultad de especificar completamente todos los comportamientos deseados y no deseados; el uso de objetivos intermedios fáciles de especificar que omiten restricciones deseables, por lo que cuando a sistemas inteligentes se les da un objetivo imperfecto o incompleto, estos sistemas, en general, encuentran lagunas, aprenden a explotarla las imperfecciones y pueden actuar haciendo trampas para obtener recompensas, o crean efectos colaterales;

como la búsqueda de poder, que ayudan al sistema a lograr sus objetivos finales, que solo se hacen patentes cuando el sistema se implementa en nuevas situaciones y distribuciones de datos. Estos problemas sabemos que afectan a sistemas comerciales como robots, modelos de lenguaje, vehículos autónomos y sistemas de recomendación de redes sociales.

Esas tareas a alcanzar no son triviales, y los sistemas artificiales que consideramos más inteligentes hoy en día no se caracterizan por tener esas capacidades, ya que se basan en modelos entrenados en un exceso de datos y en una carencia de conocimiento y raciocinio, algo que probablemente limite el nivel de inteligencia que son capaces de alcanzar.

Creo que el testimonio presentado de lo difícil que es simular inteligencia, nos brinda cierto apoyo a la idea de que probablemente estemos lejos de los sistemas más inteligentes que vamos a necesitar en el futuro. Es difícil decir si faltan cinco años o cincuenta para que las máquinas alcancen el sentido común y la capacidad de construir grandes modelos del mundo, extendiéndose más allá del texto, del audio y de las imágenes, que sean capaces de explicarse y se alineen lo mejor posible. Se admite que la construcción de un sistema práctico que asuma al menos una gran parte de lo indicado y sea utilizable es un desafío del tipo «Proyecto Manhattan» para los sistemas inteligentes debido a que su introducción requerirá una cantidad tremenda de tiempo y esfuerzo, aunque como se ha visto el camino ya está iniciado.

Se puede pensar que el conocimiento sobre sistemas inteligentes que tenemos ahora son escaleras que nos permiten subir rascacielos, pero nos gusta imaginar que los sistemas futuros nos podrían llevar a la Luna. Lo cual es una esperanza para toda aquella persona que pretenda seguir haciendo avanzar al ser humano en el área de conocimiento de la inteligencia artificial. Por lo que afortunadamente podemos decir que el futuro sigue abierto para todos ellos. Pero recordemos siempre, no se puede sacar al genio de la lámpara y después de su uso intentar volver a meterlo, puede que en el lapso de tiempo transcurrido haya engordado y ya no quepa. Estudiemos la historia para no repetir los errores del pasado; veamos cómo nos va en esta prueba con la inteligencia artificial.

INCONCLUSIÓN

Imagen creada mediante inteligencia artificial,
utilizando Microsoft Bing, Copilot Designer, con tecnología de Dall-E 3

Si bien hasta la fecha es de justicia reconocer que hemos tenido mucho éxito en la construcción de sistemas inteligentes de los tipos citados y que casi todos, por no decir todos, son limitados, especializados, sorprendentes y muy útiles, por el momento hemos fracasado casi por completo en la creación de sistemas con inteligencia parecida a la humana. Personalmente creo que la frase «crear sistemas con inteligencia parecida a la humana» es una construcción gramatical alucinatoria propia del márquetin, que no dice nada concreto que tenga sentido.

Para realizar dicha afirmación, recapacitemos en qué significa crear sistemas con inteligencia parecida a la humana, como si diciendo esto hiciéramos referencia a algo con solución única. Todos sabemos que la inteligencia ha permitido y permite a los individuos enfrentar la vida de maneras únicas y especializadas. Y también sabemos que cada persona tiene una combinación de experiencias de aprendizaje de las que se ha nutrido y se nutre su inteligencia. Como no hay dos vidas iguales, el resultado evidente es que no hay dos inteligencias iguales, lo que contribuye a la diversidad de habilidades y talentos en la sociedad humana.

Por lo tanto, si seguimos en el camino de la búsqueda de sistemas con inteligencia parecida a la humana, y damos con el chiste de que evolucionen y aprendan en los entornos preparados por seres humanos parecidos a los que se encuentran los seres humanos a lo largo de su vida, no será de extrañar que los sistemas inteligentes acaben manifestando lo que nosotros manifestamos en el día a día. A saber, un conjunto de virtudes y un conjunto de defectos, que se amalgaman en diferentes grados a lo largo de cada vida, y que es capaz de corporeizarse o en personas ejemplares o en personas normales o en personas repugnantes.

Por todo lo dicho hasta llegar aquí, el sueño de construir sistemas artificiales inteligentes de propósito general y variada como la humana, está claro que por el momento no sabemos conseguirla, por lo que nos vamos a tener que conformar con un conjunto creciente de sistemas artificiales inteligentes útiles y específicos que deberemos gestionar de la forma más eficiente posible, jugando a un juego híbrido entre humanos y máquinas. El futuro consistirá en encontrar las formas de combinar las inteligencias humana y artificiales para alcanzar nuevas metas y lograr lo que ninguna podría conseguir solo por su cuenta.

Mientras, en vez de la frase analizada, me gustan más las siguientes frases que creo que describen un camino con más sentido:

Nuestra inteligencia es lo que nos hace humanos, y los sistemas inteligentes son una extensión de esa cualidad. **Yann LeCun**, informático franco-estadounidense.

La inteligencia artificial es realmente un intento de entender la inteligencia humana y la cognición humana. **Sebastian Thrun**, informático teórico. Profesor de Inteligencia Artificial en la Universidad de Stanford.

No es la inteligencia artificial lo que me preocupa, es la estupidez humana. **Neil Jacobstein**, experto en robótica e inteligencia artificial y también exasesor de la NASA.

CRÉDITOS

Imagen creada mediante inteligencia artificial,
utilizando Microsoft Bing, Copilot Designer, con tecnología de Dall-E 3

En esta publicación, he recopilado información de varias fuentes, incluidos artículos de investigación, blogs técnicos, documentación oficial, videos de YouTube y más. Cada fuente ha sido acreditada adecuadamente.

Si se detecta alguna deficiencia, por favor comuníquesela al autor.

Referencias web

[www-01]Keith Darlington (25 de febrero de 2020)
https://www.bbvaopenmind.com/tecnologia/inteligencia-artificial/el-sentido-comun-crucial-para-el-exito-de-los-sistemas-de-inteligencia-artificial/

[www-02] CYC
https://cyc.com/

[www-03] Pablo Rodríguez Canfranc (22 de abril de 2019)
https://telos.fundaciontelefonica.com/la-cofa/a-la-inteligencia-artificial-le-falta-sentido-comun/

[www-04] Mario Viciosa (25 de octubre de 2023)
https://www.newtral.es/sentido-comun-inteligencia-artificial-aprende-generalizando-pensar-humanos/20231025/

[www-05] transcripción de Lex Fridman Podcast 416 con Yann LeCun
https://lexfridman.com/yann-lecun-3-transcript/#chapter10_ai_hallucination
https://www.youtube.com/watch?v=5t1vTLU7s40
https://www.infinityexplorers.com/wp-content/uploads/2022/10/a_path_towards_autonomous_mach.pdf

[www-06] Lawrence Knight (17 de enero de 2024)
https://pub.aimind.so/toward-agi-world-models-and-why-we-need-them-40cfc8075553

[www-07] Víctor Carralero (21 de abril de 2021)
https://www.ibm.com/blogs/think/es-es/2021/04/21/inteligencia-artificial-con-sentido-comun-eficiente-y-transparente/#:~:text=La%20Inteligencia%20Artificial%20neuro%2Dsimb%C3%B3lica%20combina%20las%20

redes%20neuronales%20con,la%20utilizaci%C3%B3n%20
de%20esta%20tecnolog%C3%ADa

[www-08] Browning, J., y Lecun, Y. (16 de junio de 2022)
https://www.noemamag.com/what-ai-can-tell-us-about-in-
telligence/

[www-09] Marcus, G. (2022)
https://www.noemamag.com/deep-learning-alone-isnt-get-
ting-us-to-human-like-ai/

[www-10] Wikipedia
https://es.wikipedia.org/wiki/Modelo_de_lenguaje_grande

[www-11] Michio Kaku
https://es.wikipedia.org/wiki/Michio_Kaku

[www-12a] Hans Moravec
https://es.wikipedia.org/wiki/Hans_Moravec

[www-12b] Paradoja de Moravec
https://es.wikipedia.org/wiki/Paradoja_de_Moravec

[www-13] Sergio Albarracín Iranzo (25 de enero de 2011]
https://www.ainia.es/ainia-news/conocimiento-explicito-
vs-conocimiento-tacito/

[www-14] Michael Polanyi
https://es.wikipedia.org/wiki/Michael_Polanyi

[www-15] *ABC*
https://www.abc.es/ciencia/espanoles-debajo-media-euro-
pea-conocimiento-cientifico-tomates-20240511003000-nt.html

[www-16] *20minutos*
https://www.20minutos.es/noticia/784940/0/google/li-
bros/historia/

[www-17] Boston Dynamics
https://bostondynamics.com/

[www-18] Wikipedia
https://cs.nyu.edu/~davise/

[www-19] Dodecaedro romano
https://es.wikipedia.org/wiki/Dodecaedro_romano

[www-20] Isee AI
https://www.isee.ai/

[www-21] Oren Etzioni
https://en.wikipedia.org/wiki/Oren_Etzioni

[www-22] Allen Institute
https://alleninstitute.org/
[www-23] Norbert Wiener
https://es.wikipedia.org/wiki/Norbert_Wiener
[www-24] Anthropic
https://www.anthropic.com/
https://www.anthropic.com/research
[www-25] Ignacio de Gregorio Noblejas
https://medium.com/@ignacio.de.gregorio.noblejas/
anthropics-breakthrough-understanding-frontier-ai-
e738c06ebd3e
[www-26] Pablo Rodríguez Canfranc
https://telos.fundaciontelefonica.com/la-cofa/el-futuro-
hibrido-de-la-inteligencia-artificial/
[www-27] Alineación
https://es.wikipedia.org/wiki/Alineación_de_la_inteligen-
cia_artificial
[www-28] DeepMind
https://deepmind.google/
[www-29] Breakout
https://es.wikipedia.org/wiki/Breakout_(videojuego)
[www-30] Atari
https://es.wikipedia.org/wiki/Atari
[www-31] Vicarious
https://www.vicarious.com/
[www-32] Yann LeCun
https://es.wikipedia.org/wiki/Yann_LeCun
[www-33] Meta
https://about.meta.com/es/
[www-34] OpenAI
https://openai.com/es-ES/
[www-35] Cohere
https://cohere.com/
[www-36] Mistral
https://www.mistral.com/en
[www-37] Alphabet
https://es.wikipedia.org/wiki/Alphabet

[www-38] Deepmind
https://deepmind.google/
[www-39] Nvidia
https://www.nvidia.com/es-es/
[www-40] Google
https://about.google/intl/ALL_es/
[www-41] Amazon
https://es.wikipedia.org/wiki/Amazon
[www-42] Microsoft
https://www.microsoft.com/en-us/about
[www-43] IBM
https://es.wikipedia.org/wiki/IBM
[www-44] META
https://es.wikipedia.org/wiki/Meta_Platforms
[www-45] Apple
https://es.wikipedia.org/wiki/Apple
[www-46] Alibaba
https://es.wikipedia.org/wiki/Alibaba_Group
[www-47] robot Atlas
https://es.wikipedia.org/wiki/Atlas_(robot)
[www-48] robot Spot
https://bostondynamics.com/products/spot/
[www-49] robot Anymal-X
https://www.anybotics.com/robotics/anymal-x/
[www-50] robot Pepper
https://www.aldebaran.com/es/pepper
[www-51] robot Samsung Bot Handy
https://research.samsung.com/news/-ces-2022-samsung-
research-new-tech-trio-samsung-bot-handy-housework-robot
[www-52] robot Tesla Bot
https://es.wikipedia.org/wiki/Tesla_Bot
[www-53] robot Figure 01
https://www.figure.ai/
[www-54] robot Sophia
https://es.wikipedia.org/wiki/Sophia_(robot)
[www-55] robot Curiosity
https://es.wikipedia.org/wiki/Curiosity

[www-56] robot ASIMO
https://es.wikipedia.org/wiki/ASIMO
[www-57] robot Nao
https://es.wikipedia.org/wiki/Nao_(robot)
[www-58]
https://www.darpa.mil/program/explainable-artificial-in-telligence
[www-59]
https://onlinelibrary.wiley.com/toc/26895595/2021/2/4
[www-60] Alan Turing
https://es.wikipedia.org/wiki/Alan_Turing
[www-61] Arquitectura von Neumann
https://es.wikipedia.org/wiki/Arquitectura_de_Von_Neu-mann
[www-62] Conferencia de Dartmouth
https://es.wikipedia.org/wiki/Conferencia_de_Dartmouth
[www-63] John McCarthy
https://es.wikipedia.org/wiki/John_McCarthy_(cient%C3%ADfico)
[www-64] Marvin Minsky
https://es.wikipedia.org/wiki/Marvin_Minsky
[www-65] Allen Newell
https://en.wikipedia.org/wiki/Allen_Newell
[www-66] Herbert A. Simon
https://en.wikipedia.org/wiki/Herbert_A._Simon
[www-67] Forbes, Alan Ohnsman
https://www.forbes.com.mx/el-negocio-de-robotaxi-es-un-sueno-para-elon-musk-pero-ya-es-una-realidad-para-waymo/
[www-68] NHTSA
https://www.usa.gov/es/agencias/administracion-nacio-nal-de-seguridad-del-trafico-en-las-carreteras
[www-69] Advanced Robotics
https://deepmind.google/discover/blog/shaping-the-fu-ture-of-advanced-robotics/
[www-70] *The New York Times* y *el Confidencial*
https://www.nytimes.com/2024/06/13/business/china-driverless-cars.html

https://www.elconfidencial.com/tecnologia/2024-06-30/
waymo-google-baidu-coche-autonomo-wuhan_3910833/
[www-71] Waive
https://wayve.ai/
[www-72]
https://www.motorpasion.com/futuro-movimiento/estu-
dio-asegura-que-coches-autonomos-seguros-general-excep-
to-cuando-tienen-que-girar-cuando-anochece-cuando-ama-
nece
[www-73] François Chollet
https://medium.com/@francois.chollet/the-impossibility-
of-intelligence-explosion-5be4a9eda6ec
[www-74] Stable Diffusion
https://stablediffusionweb.com/
[www-75] DALL_E
https://openai.com/index/dall-e-3/
[www-76] Midjourney
https://openai.com/index/dall-e-3/
[www-77] CLIP
https://openai.com/index/clip/
[www-78] SORA
https://openai.com/index/sora/

Referencias bibliográficas

[B-01] Lenat, D., y Guha, R., *Building Large Knowledge-Based Systems: Representation and Inference in the Cyc Project.* Addison-Wesley 1990.
ISBN-10:0201517523, ISBN-13:978-0201517521
[B-02] Bubeck, S., *et al.*, *Sparks of Artificial General Intelligence: Early experiments with GPT-4* (2023), [https://arxiv.org/abs/2303.12712]
[B-03] Morris, M. R., *et al.*, *Levels of AGI: Operationalizing Progress on the Path to AGI* (2023), [https://arxiv.org/abs/2311.02462]
[B-04] LeCun, Y., *A Path Towards Autonomous Machine Intelligence* (2022), [https://openreview.net]

[B-05] Barlow, H. B., Unsupervised Learning (1989), *Neural Computation*. Volume 1. Issue 3, [https://doi.org/10.1162/neco.1989.1.3.295]

[B-06] Piaget, J. (1977), *The development of thought: balance of cognitive structures* (Trans A. Rosin), Oxford: Basil Blackwell.

[B-07] Marcus, G., y Lenat, D., *Getting from Generative AI to Trustworthy AI: What LLMs might learn from Cyc* (2023), [https://arxiv.org/abs/2308.04445] [https://doi.org/10.48550/arXiv.2308.04445]

[B-08] Marcus, G., *The Next Decade in AI: Four Steps Towards Robust Artificial Intelligence* (2020), [https://www.arxiv.org/abs/2002.06177]

[B-09] Sebastian, A., y Rahimi, A., *Mimicking the brain: Deep learning meets vector-symbolic* AI (2021), [https://research.ibm.com/blog/deep-learning-meets-symbolic-ai]

[B-10] Shafaei, S., *et al.*, *Uncertainty in machine learning: A safety perspec-tive on autonomous driving* (2018), First International Workshop on Artificial Intelligence Safety Engineering. At: Västerås, Sweden. Lecture Notes in Computer Science (LN-PSE, volume 11094).

[B-11] Zhang, B., Zhu, J., & Su, H., Toward the third-generation artificial intelligence (2023). *Sci. China Inf. Sci.* 66, article number 121101. [https://doi.org/10.1007/s11432-021-3449-x]

[B-12] Reddy, R., Three open problems in AI (2023). *Journal of the ACM*. Volume 50, Issue 1, pp 83-86, [https://doi.org/10.1145/602382.602407]

[B-13] Daull, X., Bellot, P., Bruno, E., y Martin, V., *Complex QA & language models hybrid architectures Survey* (2023), [https://arxiv.org/pdf/2302.09051]

[B-14] Xu, Z., Jain, S., y Kanhanhalli, M. *Hallucination is Inevitable: An Innate Limitation of Large Language Models* (2024), [https://arxiv.org/abs/2401.11817]

[B-15] Wiener, Norbert (6 de mayo de 1960). Some Moral and Technical Consequences of Automation: As machines learn they may develop unforeseen strategies at rates that baffle their programmers, *Science*, 131 (3410): 1355-1358. ISSN 0036-8075. [https://doi:10.1126/science.131.3410.1355]

[B-16] Bubeck, S., *et al.*, *Sparks of Artificial General Intelligence: Early experiments with GPT-4.CoRR* (2023), [https://doi.org/10.48550/arXiv.2303.12712]

[B-17] Christopher, O., *Mechanistic Interpretability, Variables, and the Importance of Interpretable Bases,* Transformer Circuits Thread, (2022), [https://transformer-circuits.pub/2022/mech-interp-essay/index.html]

[B-18] Templeton, A., *et al.*, *Scaling Monosemanticity: Extracting Interpretable Features from Claude 3 Sonnet* (2024) [https://transformer-circuits.pub/2024/scaling-monosemanticity/index.html]

[B-19] Ornes, S., Playing Hide-and-Seek, Machines Invent New Tools (2019). *Quanta Magazine.* [https://www.quantamagazine.org/search?q[s]=Playing%20Hide-and-Seek,%20Machines%20Invent%20New%20Tools]

[B-20] Bommasani, R., *et al.*, *On the Opportunities and Risks of Foundation Models* (2022), Stanford CRFM [https://doi.org/10.48550/arXiv.2108.07258]

[B-21] Hadfield-Menell, D., *et al.*, *The Off-Switch Game* (2017). Proceedings of the Twenty-Sixth International Joint Conference on Artificial Intelligence, IJCAI-17. pp. 220-227. [https://doi:10.24963/ijcai.2017/32]

[B-22] Turner, A. M., *et al.*, *Optimal Policies Tend to Seek Power* (2021). Neural Information Processing Systems 34. [https://doi.org/10.48550/arXiv.1912.01683]

[B-23] Ha, D., and Schmidhuber, J., *Recurrent World Models Facilitate Policy Evolution* (2018), [https://arxiv.org/abs/1809.01999]

[B-24] Bender E., *et al.*, *On the Dangers of Stochastic Parrots: Can Language Models Be Too Big?* (2021), ACM FAccT '21: Proceedings of the 2021 ACM Conference on Fairness, Accountability, and Transparency, March 2021, pp. 610-623, [https://doi.org/10.1145/3442188.3445922]

[B-25] Pearl, J., *Models, Reasoning and Inference* (2000). Cambridge University Press. ISBN 0-521-77362-8.

[B-26] Salvatori, T., *et al.*, *Brain-Inspired Computational Intelligence via Predictive Coding* (2023). [https://arxiv.org/abs/2308.07870]

[B-27] Kulveit, J., *et al.,Predictive Minds: LLMs As Atypical Active Inference Agents* (2023), [https://arxiv.org/abs/2311.10215]

[B-28] Janus. *Simulators* (2022), LessWrong, [https://www.lesswrong.com/s/N7nDePaNabJdnbXeE/p/vJFdjigzmcX-MhNTsx]

[B-29] Marcus, G., *The Next Decade in AI: Four Steps Towards Robust Artificial Intelligence* (2020), [https://arxiv.org/abs/2002.06177]

[B-30] Marcus, G., *Deep Learning Alone Isn't Getting Us To Human-Like AI* (2022) Noema. [https://www.noemamag.com/deep-learning-alone-isnt-getting-us-to-human-like-ai/]

[B-31] Wu, P., *et al., World Models for Physical Robot Learning* (2023), [https://arxiv.org/abs/2206.14176]

[B-32] *Robot dog learns to walk in one hour* (2022), Max Planck Institute for Intelligent Systems, [https://www.sciencedaily.com/releases/2022/07/220718122229.htm]

[B-33] Sierra-García, E., *et al., Redes neuronales y aprendizaje por refuerzo en el control de turbinas eólicas* (2021). [https://doi.org/10.4995/riai.2021.16111]

[B-34] *Aprendizaje por refuerzo profundo para la negociación en control predictivo distribuido cooperativo de sistemas multivariables* (2022), [https://hdl.handle.net/10612/16790]

[B-35] Searle, J. (sin fecha). *El argumento de la habitación china.* Encyclopedia of Philosophy. Recuperado de [https://iep.utm.edu/chinese-room-argument/]

112

AGRADECIMIENTOS

Imagen creada mediante inteligencia artificial,
utilizando Microsoft Bing, Copilot Designer, con tecnología de Dall-E 3

Gracias

- A mis padres, que me cuidaron, me impulsaron y me inculcaron el interés por el conocimiento transversal.
- A María Jesús y a Alejandro, que son lo más bonito que me ha sucedido.
- A todos los profesores excelentes, normales y malos, que he tenido en todos los niveles por los que he transitado, ya que de todos he aprendido algo.
- A mis compañeros de los tres departamentos en los que he trabajado, en todos siempre me he sentido libre y acompañado.
- A ciertas personas que yo considero especiales en mi vida profesional, ellos ya saben quiénes son.
- A mis compañeros que además son amigos.
- A los doctorandos con los que he tenido el privilegio de ahondar en el conocimiento.
- A todos los alumnos que he tenido, han sido la razón de ser de mi profesión.

ÍNDICE

Resumen 9

Sobre la inteligencia 13

¿Por qué estamos hoy aquí hablando de inteligencia artificial y de
robótica? 17

Conocimiento explícito y conocimiento implícito 35

Algunos desafíos pendientes de alcanzar 41

Qué es el sentido común 47

¿Por qué el sentido común es tan importante para los sistemas de
inteligentes? 53

Algunos proyectos famosos relacionados con la obtención del sen-
tido común en máquinas 65

Modelos del mundo 75

Algunos proyectos relacionados con la obtención de modelos del
mundo en máquinas 83

Interpretabilidad y alineación 85

Conclusiones 93

Inconclusión 99

Créditos 103

Agradecimientos 113

Este libro se terminó de imprimir
en los talleres del Servicio de Publicaciones
de la Universidad de Zaragoza
el 31 de agosto de 2024